宇宙山河，星辰大海，请一边努力，一边快乐，带自己去看更大的世界，成为你想成为的人，静待满天繁星。

讲给孩子的妙趣中国史 ①

姜天一 著

天津出版传媒集团

天津人民出版社

图书在版编目（CIP）数据

讲给孩子的妙趣中国史：全10册/姜天一著．--天津：天津人民出版社，2024.5（2024.7重印）
ISBN 978-7-201-19988-7

Ⅰ.①讲… Ⅱ.①姜… Ⅲ.①中国历史–青少年读物
Ⅳ.①K209

中国国家版本馆 CIP 数据核字（2024）第 019893 号

讲给孩子的妙趣中国史：全 10 册
JIANG GEI HAIZI DE MIAOQU ZHONGGUOSHI：QUAN 10 CE

出　　版	天津人民出版社
出 版 人	刘锦泉
地　　址	天津市和平区西康路 35 号康岳大厦
邮政编码	300051
邮购电话	（022）23332469
电子邮箱	reader@tjrmcbs.com
责任编辑	周春玲　佟　鑫　高　琪
特约编辑	陈阿孟　胡瑞婷
装帧设计	东合社
印　　刷	天津海顺印业包装有限公司
经　　销	新华书店
开　　本	710 毫米 × 1000 毫米　1/16
印　　张	104.75
字　　数	500 千字
版次印次	2024 年 5 月第 1 版　2024 年 7 月第 2 次印刷
定　　价	298.00 元（全 10 册）

版权所有 侵权必究
图书如出现印装质量问题，请致电联系调换（010-82069336）

总目录

序言——写给孩子的父母亲 /1

第一册

第 1 章 思想萌芽的神话

1 为什么先讲神话？/4
2 世界从哪儿来？/9
3 我们从哪儿来？/14
4 天上出现个大窟窿 /19
5 人类为什么要分组？/24
6 谁是领袖？/29
7 上古第一战 /35
8 不确定的三皇五帝 /42
9 尧舜禹怎么传？/49

第 2 章 缺少记录的夏朝

10 夏朝历史哪儿去了？/56
11 《史记》中的夏朝 /61
12 夏桀真的那么残暴吗？/67
13 推翻前朝的标准模板 /73

第 3 章 兴衰更替的商朝

14 做饭和治国是一样的 /80
15 帝王被关小黑屋 /85
16 搬家 /91
17 三年不说话的君王 /97
18 中国第一位女将军 /103
19 他来了，他来了！/108
20 商朝吃喝攻略 /115
21 骨头上竟然有字 /120
22 卖盐的人很重要 /126
23 《封神演义》的几分真假 /131
24 最会钓鱼的人出现了 /137

第 4 章 四夷臣服的西周

25 吐饭能被后人称赞 /144
26 见面只能眨眨眼 /150
27 烟不是乱放的 /155

第二册

第 5 章 百家争鸣的东周

28　东周的钟声响起 /162
29　孔子心中的理想 /167
30　流传千古的《论语》/172
31　首个霸主诞生 /180
32　不一样的战争 /186
33　《左传》和战争 /192
34　鼎的重量有多少 /199
35　胆是什么味道 /206
36　开启战国的事件 /212
37　看谁会变 /218
38　由弱变强的奇迹 /225
39　诸子百家到底有多少家 /231
40　提意见为什么要先讲故事 /239
41　屈原为什么跳江 /246
42　风加骚等于文学 /253
43　7 晋 1 的淘汰赛 /261
44　刺杀管用吗？/267
45　为什么是秦国夺冠 /274
46　舌尖上的周朝 /279

第 6 章 一统天下的秦朝

47　统一之后事真多 /286
48　焚书坑儒的真相是什么 /292
49　《阿房宫赋》里的秦朝灭亡 /298
50　历史没有如果 /305

第三册

第 7 章 虽远必诛的西汉

51　两个长相怪异的男人 /312
52　为什么要把锅砸了？/319
53　吃顿饭差点儿没命 /325
54　鸿门宴上都吃了啥？/331
55　明修栈道，目标却是……/337
56　面子和命哪个重要？/343
57　他们骑着马来了 /349
58　元宵还是汤圆？/356
59　犬子不是狗儿子 /362
60　不做大事对不起爸爸 /368
61　董仲舒是谁？/374
62　开战吧，匈奴！/380
63　一个人，一条路 /386
64　丝绸之路带来了什么？/392
65　苏武为什么放羊？/398
66　谁敢替李陵说话 /403
67　生命的意义 /409
68　历史书里的第一名 /415
69　再见，匈奴 /422
70　如何夸人漂亮？/428
71　理想与现实的差距 /434

72 "三最"皇帝 /440
73 几岁可以当皇帝？ /445
74 文字写在哪儿？ /451
75 汉朝总结表彰大会 /457
76 烧烤火锅吃起来 /463

第四册

第8章 陷入怪圈的东汉

77 《三国演义》和《三国志》的关系 /470
78 曹操是哪个时期的？ /476
79 孔融不仅仅会让梨 /483
80 一个人一张嘴 /489
81 一场大火 /495
82 《隆中对》化为泡影 /501
83 七步之内写首诗 /507
84 司马家族的崛起 /514
85 "剩"者为王 /521

第9章 分久必合的魏晋南北朝

86 短暂的11年和平 /528
87 可怕的五胡乱华 /534
88 人多不一定管用 /540
89 又一次搬家 /546
90 北方大杂烩，南方排好队 /552
91 人物点评合集 /558

92 奇异故事合集 /564
93 不同的南北朝民歌 /570
94 采菊东篱下 /576
95 终于统一了 /584
96 乱世总结大会 /589

第10章 承前启后的隋朝

97 改革从我做起 /596
98 来吧，突厥 /602
99 这么快就结束了 /608
100 沟通南北的河 /614

第五册

第11章 灿烂辉煌的唐朝

101 最是无情帝王家 /622
102 天可汗 /629
103 偷渡的和尚 /635
104 唯一的女皇帝 /641
105 砸琴的诗人 /646

106	天下还给李家 /652		133	开放的平台 /809
107	巾帼宰相 /658		134	什么是唐传奇？/815
108	盛世前的动荡 /664		135	吃在唐朝 /821
109	唐诗也分时期 /670		136	喝在唐朝 /827
110	天气都帮忙 /675		137	玩在唐朝 /833
111	诗仙的传说 /682		138	穿在唐朝 /839
112	笔落惊风雨 /688			
113	全才王维 /695			

第六册

114	中年逆袭的高适 /701
115	边塞二王 /707

第12章 各凭手段的五代十国

116	修过路的宰相 /713		139	唐和宋隔着谁？/846
117	黑暗前的动荡 /718		140	五代十国第一明君 /852
118	盛唐倒塌过程 /724		141	天降皇位 /858
119	安史之乱的影响 /729			
120	杜甫的报国之路 /734			

第13章 重文轻武的北宋

121	当历史读的诗歌 /739		142	黄袍加身不乐意？/866
122	安史之乱后遗症 /745		143	兵权得收回来 /871
123	有一种友情叫刘柳 /751		144	为什么被称为"弱宋"/877
124	短暂的中兴 /757		145	赵匡胤传位之谜 /883
125	唐宋八大家之首 /763		146	真实的杨家将 /889
126	白居易的人生转折点 /770		147	用钱买和平 /896
127	白居易在日本火了 /776		148	狸猫能换太子吗？/902
128	跷跷板一样的党争 /782		149	千古第一仁君 /908
129	令人心疼的李商隐 /787		150	老师是个大文豪 /913
130	生不逢时的杜牧 /793		151	能文能武的范仲淹 /919
131	满城尽带黄金甲 /799		152	庆历新政 /926
132	唐退出历史舞台 /804			

153 "六一"不一定是儿童节？/932
154 一门父子三词客 /937
155 给宋朝动手术 /942
156 凌寒独自开 /948
157 发牢骚的后果 /953
158 也无风雨也无晴 /960
159 走到哪儿吃到哪儿 /967
160 唱片销量第一名 /973
161 我不仅会砸缸 /979
162 相比皇位更爱艺术 /985
163 "六贼当政"/990
164 真实的梁山起义 /995
165 靖康耻，臣子恨 /1000

第七册

第 14 章 小富即安的南宋

166 南宋建立 /1006
167 房顶有只大鸟 /1011
168 四次北伐 /1017
169 莫须有 /1023
170 但悲不见九州同 /1029
171 英雄无用武之地 /1035
172 千古第一才女 /1042
173 丧权辱国 /1048
174 这时候还搞不团结？/1055

175 乾淳之治 /1060
176 一个怕老婆的皇帝 /1065
177 大儒朱熹 /1070
178 庆元党禁 /1075
179 金国灭了 /1080
180 那些年赔了多少钱 /1086
181 宋朝的争议 /1092
182 蒙古的崛起 /1097
183 一代天骄 /1103
184 冷兵器的巅峰 /1109
185 蒙古西征 /1115
186 钓鱼城在哪儿？/1121
187 南宋灭亡 /1127
188 人生自古谁无死 /1133
189 文化的强盛 /1140
190 小 Q 宋朝穿越记 1/1146
191 小 Q 宋朝穿越记 2/1152
192 小 Q 宋朝穿越记 3/1158

第 15 章 水土不服的元朝

193 在元朝你是几等人？/1166

194　元朝也有仁宗 /1171
195　跌宕起伏的皇位继承 /1177
196　石人一只眼 /1183
197　元末农民起义 /1189
198　脱颖而出的朱元璋 /1194
199　鄱阳水战定江南 /1200
200　王师北定中原日 /1206
201　岭北之战 /1212
202　元曲是可以演的 /1218
203　羊肉好吃吗？/1224

第八册

第16章　后继乏力的明朝

204　朱元璋不用 CEO /1230
205　过山车般的文字狱 /1236
206　"清君侧"口号很响亮 /1242
207　永乐大帝 /1247
208　永乐大典的遗憾 /1254
209　"麒麟"现世 /1259
210　三大盛世 /1265
211　强大的对手来了 /1271
212　土木堡之战 /1276
213　北京保卫战 /1281
214　十六位皇帝十三陵 /1288
215　明英宗做了件好事 /1294

216　景泰蓝是什么？/1299
217　特务机构大汇总 /1304
218　只娶一个妻子的皇帝 /1309
219　别人笑我太疯癫 /1314
220　终于想明白了 /1320
221　皇帝给自己封官 /1326
222　宁王两次被抓 /1332
223　不上朝的嘉靖 /1337
224　给大海加把锁 /1342
225　南击倭寇，北房寇边 /1347
226　又来一个不上朝的 /1353
227　就爱木匠活儿 /1359
228　谁建的沈阳故宫？/1364
229　皇帝不好当 /1370
230　吴三桂的选择 /1376
231　武将定国 /1381
232　文臣治国 /1386
233　带插图的图书 /1391
234　为什么叫四大名著？/1396
235　小说的高峰 /1401
236　明朝的吃吃喝喝 /1406

第九册

第17章　奠定版图的清朝

237　严格的皇子教育 /1412

238	人口爆炸式增长 /1418	260	一想就心痛的园林 /1538
239	帮完儿子帮孙子 /1424	261	不认识英文 /1542
240	打仗需要快递 /1430	262	现在开始也不晚 /1547
241	台湾是中国不可分割的一部分 /1436	263	洋务派 VS 顽固派 /1552
242	历经三代帝王的战争 /1442	264	洋务运动的成果 /1559
243	可以夸夸他 /1448	265	日本一步步进逼 /1564
244	曹家为什么被抄？/1453	266	防范间谍很重要 /1569
245	小说的巅峰《红楼梦》/1458	267	就这么快结束了？/1574
246	十全老人酷爱文字狱 /1463	268	慈禧跑了 /1580
247	别人在干吗？/1468	269	同盟会成立了 /1585
248	《四库全书》的功过是非 /1473	270	伟大的辛亥革命 /1590
249	大贪官和珅 /1478	271	学学人家左宗棠 /1596
250	不断试探底线 /1483	272	满汉全席真的有吗？/1601
251	鸦片这个破玩意儿 /1488	273	清朝建筑知多少 /1607
252	第一次鸦片战争 /1494	274	苟利国家生死以 /1613
253	第一个气人的条约 /1500	275	竹子不仅可以吃 /1619
254	后院着火了 /1505	276	奇异故事的背后 /1625
255	八旗军战斗力哪去了？/1511	277	尾声 /1631
256	天赋不够，努力来凑 /1516		

第十册

第18章 奠定版图的清朝

257	湘军的崛起 /1524
258	工资高的军队好招人 /1529
259	找个借口就要来啊 /1534

小 Q

像你一样的小学生。爱思考,爱美食,古灵精怪。

姜天一

小朋友都称他"姜 sir"。爱文学,爱历史,博学多知。

序言

——写给孩子的父母亲

我是姜 sir 姜天一，是一名老师，也是一个孩子的爸爸。我一直希望能有这样的一部历史书讲给我的孩子和我的学生们，它不再枯燥冗长、空洞无味，而是不拘一格，以四两拨千斤的轻盈姿态去拆解厚重的历史。

我希望能给孩子们最好的一切，我希望他们增长见识、见大世面，希望他们所触及的世界能广阔、再广阔一些。我希望他们有自己的主见，而不是人云亦云；更希望他们练就一种宠辱不惊的能力，过好这一生。于是，这样一部"讲给孩子的历史"就被"安排"上了。

历史就像一个无限收纳盒，里面装了好多东西，什么样的历史是我想让孩子们去了解的呢？

我希望孩子们不仅仅知道齐、楚、燕、韩、赵、魏、秦，还能知道诸子百家。

我希望孩子们不仅仅了解隋唐五代传，还能知道隋唐之间科举制的开创与延续。

我希望孩子们不仅仅知道武则天是位女皇帝，还能知道在她统治时期有"前不见古人，后不见来者"的经典诗句。

我希望孩子们不仅仅能复述历史故事，还能有自己的思考，知道《三国演义》和《三国志》的区别。

我希望孩子们提到每一个历史时期的时候，知道的不仅仅有帝王将相，还能有文学，有生活，有细节。

所以，我这套不一样的历史书，以历史朝代为纲，框架还是传统历史的框架，但内容却更丰富。有伟大的君主，也有文学大家，有历史战争，也有柴米油盐。

通俗易懂是我的风格，幽默风趣是我的标签，在这套书中，我首次引入一个学生小Q的身份，他将站在孩子的角度去思考，去提问，去联系生活，让历史生动、鲜活起来。

最后，我希望孩子们可以站在我的肩膀上去看更远的世界，把他们送到更远的起跑线上。所以我愿意尽全力去讲述这样一部生动的、有趣的、不一样的历史。为了我的孩子，也为了正在阅读的您的孩子。

第 1 章

思想萌芽的神话

1 为什么先讲神话？

各位同学，大家好，我就是那个人见人爱、花见花开、车见车爆胎的姜 sir。

大家好，我就是那个负责问问题的小 Q 同学。

小 Q：姜 sir，终于等来了这套不一样的历史书，可为什么第一章是神话啊？神话不都是假的吗？

姜 sir：我给你讲一个故事，你听听这个故事是不是真的。从前有一个温柔可爱、聪明机智、英俊大方、正直善良、儒雅博学、勇敢幽默的神仙，我们就叫他"完美神"。完美神特别想把自己的法力仙术传给全天下的人，可是法力不够，只能让身边的一些人学到他的法力，正在苦恼的时候，有一个大神叫"铁铁"，找到了完美神，说只需要一个宝贝，就能把完美神的一切法术传播出去。于是完美神就带着他的一个弟子笨笨小仙……

小Q：姜sir，你别讲了，我怎么隐隐约约感觉那个笨笨小仙是我呢，你好像就是那个完美神，铁铁不就是图书公司吗？那个宝贝不就是印刷机吗？什么仙术传递出去啊，那不就是书吗？

姜sir：你能猜出来，是因为你有知识，你懂得多，但古人没有那么多知识啊，他们面对难以理解的自然现象，像地震、洪水，哪怕是打雷闪电以及人的生老病死等，他们都不懂，但又觉得很神秘，很可怕。怎么办？于是古人就幻想出世界上存在各种神仙，而这群神仙又有着神奇的法术。一些不懂的自然现象就可以用神仙来解释，而这个解释，就是个故事，就成了神话。

小Q：我明白了，神话虽然不是真实的，但那是我们祖先的智慧结晶，我们可以从神话中去研究祖先的想法，去推断他们都在解释哪些现象。

姜sir：虽然神话是假的，但神话里解释的那些现象、事情是当时真实存在的，所以神话的一部分内容是可以帮助我们去了解过去的。

小Q：我隐隐约约明白了神话的重要性。

姜sir：马克思主义者拉法格在《宗教和资本》中说过：

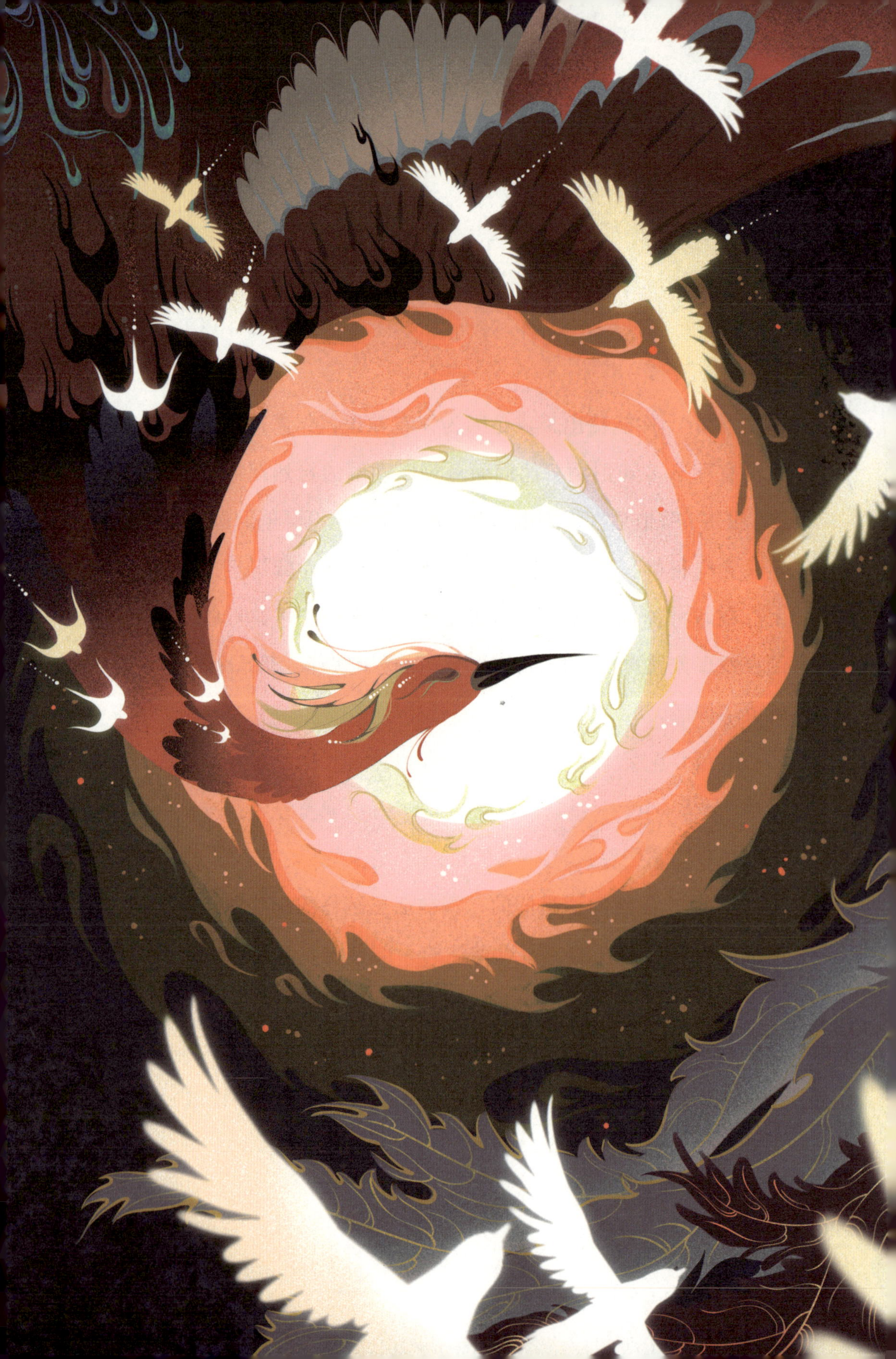

> 神话既不是骗子的谎话，也不是无谓想象的产物，它们不如说是人类思想朴素的和自发的形式之一。只有我们猜中了这些神话对于原始人和它们在许多世纪以来丧失了的那种意义的时候，我们才能理解人类的童年。

我相信很多小朋友都读懂了拉法格的最后一句话，没错，那是我们人类的童年啊！

小Q： 那神话是怎么传下来的呢？那个时候没有纸和笔啊？

姜sir： 当然是靠着祖先们口口相传，爷爷讲给爸爸，爸爸讲给儿子，儿子再讲给他的儿子，一代传一代。而每一代人的知识都是有限的，因此，他们就会用自己的想法去解释眼前的事物。比如说，如果有机会，让小Q带着现代社会的东西回到古代，你会带什么呢？

小Q： 我会带上我最爱的飞机，古人肯定没见过。

姜sir： 当他们看到飞机从天而降，你走了出来，古人肯定不懂什么是飞机，如果让古人形容，可能就是一个长着翅膀的怪物，屁股后面喷出白色的气，浑身发光，还发出巨大的声响，从天上落下来。

小Q： 这就是一则很有想象力的神话啊！

姜 sir：明白了神话产生的原因和意义，我们不如做个游戏，忘掉所有的知识，回到人类最初的起点。假设你是个原始人，你什么都不懂，你要用神话来解释一些身边不能解释的事情，你会先去解决哪些事情呢？你的第一个问题会问自己什么呢？我们下节见。

2 世界从哪儿来？

各位同学，大家好，我就是那个人见人爱、花见花开、车见车爆胎的姜 sir。

大家好，我就是那个负责问问题的小 Q 同学。

姜 sir：上节我们说到，神话是用来解释一些自然现象和未知的事物的。所以先有问题，后有解释。那么，我们的祖先会先问自己什么问题呢？

小 Q：我觉得古人可能会问，我生活的这个地方是怎么来的吧。

姜 sir：如果这时候有一个原始人，穿着皮草裙，像个大猩猩一样，捶着胸口说："太阳系在大约 46 亿年前诞生后，地球开始形成。地球是由原始的太阳星云分馏、凝聚而形成的，星子聚集成行星胎，然后再增生而形成原始地球。"你觉得可能吗?

小Q：你说的这个原始人是个科学家吧？别说原始人，我都不知道这么多。

姜sir：原始人不知道，所以他们会怎样回答他们自己的问题呢？

小Q：神话？

姜sir：对，就是神话。中国以及世界是怎么产生的，这些问题结合到了一起，你能想到什么故事？

小Q：盘古开天辟地。

姜sir：很久很久以前，天和地还没有分开，宇宙混沌漆黑一片。有个叫盘古的巨人，在这混沌之中，睡了一万八千年。

有一天，盘古突然醒了。他见周围一片漆黑，就抡起大斧头，朝眼前的黑暗猛劈过去。只听一声巨响，混沌一片的东西渐渐分开了。轻而清的东西缓缓上升，变成了天；重而浊的东西慢慢下降，变成了地。天和地分开以后，盘古怕它们还会合上，就头顶着天，脚使劲蹬着地。天每天升高一丈，地每日增厚一丈，盘古也随着越长越高。这样不知过了多少年，天和地逐渐成形了，盘古也累得倒了下去。

盘古倒下后，他的身体发生了巨大的变化。他呼出的气息变成了四季的风和飘动的云，他发出的声音化作了隆隆的雷声，他的双眼变成了太阳和月亮，他的肌肤变成了辽阔的

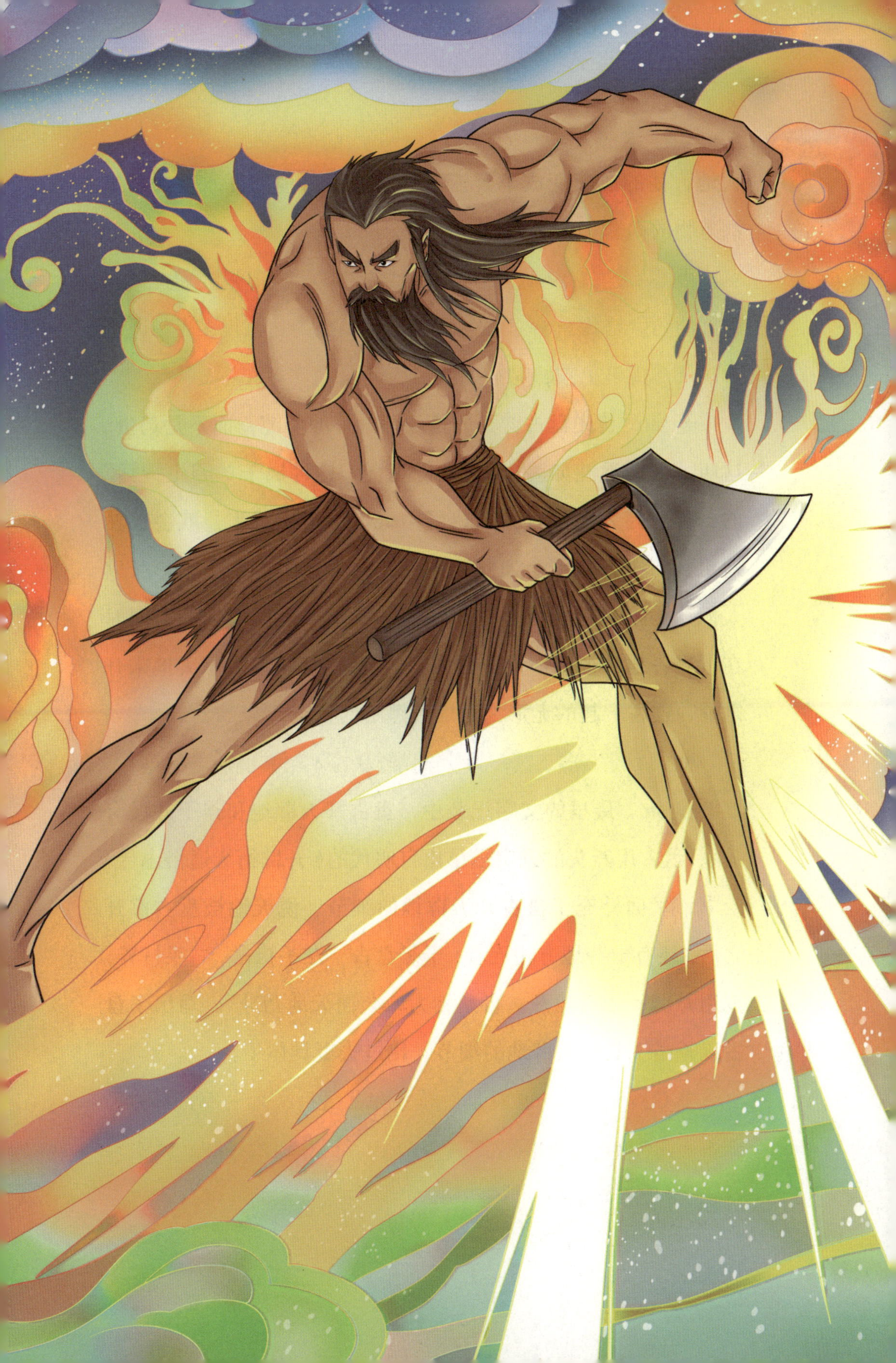

大地，他的血液变成了奔流不息的江河，他的汗水变成了滋润万物的雨露……

小Q：这就是我们的神话，虽然不科学，但很好玩，站在古人的角度好像解释了很多现象啊，可是为什么很多人都说盘古是从鸡蛋里出来的呢？

姜sir：首先盘古劈开的是漆黑一片的混沌，而不是鸡蛋。这叫"天地混沌如鸡子"，就像鸡蛋。这种属于"卵生神话"的一种。因为人们看到从鸡蛋中可以生出小鸡来，就会自然地想到宇宙万物也会如此从蛋一样的物体中产生出来。所以人们认为世界最初像个鸡蛋，盘古就是从里面出来的。同时在世界各地的很多创世神话中，"混沌"都主要表示天地未开之前，连在一起的无形、空虚、黑暗的状态。

小Q：那么多工具，为什么用斧头，不用其他的工具呢？

姜sir：最早的文字记载中，盘古开天辟地和斧子并没有关系，盘古用斧头的设定最早出自明代的《开辟衍绎通俗志传》一书，里面补充了盘古开天辟地的细节。说天地被盘古撑开之后，还有一些地方相连着，于是盘古"左手执凿，右手持斧，或用斧劈，或以凿开。自是神力，久而天地乃分"。写出了盘古以斧凿工具开天辟地的细节，比过去更具体了。

小Q：明白了，也就是说斧头和凿是后人加的啊，那为什么不配刀呢？

姜 sir：盘古一个威猛的巨人形象，一把厚重的斧子最适合他。

小 Q：我明白了。

姜 sir：那我们可以读一下三国时期吴国徐整在《三五历纪》里记载的故事原文：

> 天地混沌如鸡子，盘古生其中，万八千岁。天地开辟，阳清为天，阴浊为地。盘古在其中，一日九变，神于天，圣于地。天日高一丈，地日厚一丈，盘古日长一丈，如此万八千岁。天数极高，地数极深，盘古极长。后乃有三皇。

盘古开天辟地的故事从神话的角度回答了世界从哪儿来的问题。既然已经解释完了世界的起源，那第二个问题会是什么呢？我们下节见。

3 我们从哪儿来？

各位同学，大家好，我就是那个人见人爱、花见花开、车见车爆胎的姜 sir。

大家好，我就是那个负责问问题的小 Q 同学。

姜 sir：小 Q，我们的祖先用盘古开天辟地解释了他们心中的世界起源后，下一个问题你会问什么呢？

小 Q：我会问我是从哪儿来的？

姜 sir：你是你妈妈生的啊。

小 Q：那我妈妈又是从哪儿来的啊？

姜 sir：你姥姥生的啊。

小 Q：我的意思是我妈妈的妈妈的妈妈的妈妈的妈妈……哎呀，就是人类从哪儿来的？

姜 sir：这时候，又有一个穿着皮草衣的原始人，捶着胸口，给你讲了变异性、遗传性、人工选择、生存竞争、进化论、胚胎发育……你相信吗？

小Q：算了吧，我都听不懂。这又是个科学家吧？

姜sir：这个人叫达尔文，是英国生物学家、博物学家，写过一本《物种起源》，于1859年出版。那么我们的古人怎么知道人类从哪里来呢？他们会用什么方式去解释呢？

小Q：神话！我知道谁该出现了，女娲对不对？

姜sir：盘古开天辟地之后，虽然大地上有了山川花草，有了虫鱼鸟兽，但却显得荒凉，女娲觉得天地间缺少了一些东西，她想了很久，发现是少了像自己这样的生命。于是她在一条河边蹲下身子，将从河边掘出的黄土掺杂了水，仿照水中自己的样貌，揉制成了一个小娃娃一样的东西，这时，奇迹出现了，刚放到地面上，这个小东西竟然活了！咿咿呀呀地叫着，欢快地跳着，女娲给他起了个名字，叫作"人"。女娲对自己的作品感到无比满意，于是继续用黄土掺水揉制出许多的人。可是大地是如此广阔，这些人稀稀拉拉地在大地之上显得实在太过渺小，女娲想让他们充满整片大地。于是，她顺手拿出了一根藤条，伸入泥浆中，将混合了黄土的泥浆向大地上一挥，泥点落下的地方，也变出了许多欢喜跳跃的小人来，女娲开心极了。不久，大地上便布满了人类的踪迹。

小Q：为啥她的名字叫女娲啊？感觉怪怪的。总感觉和

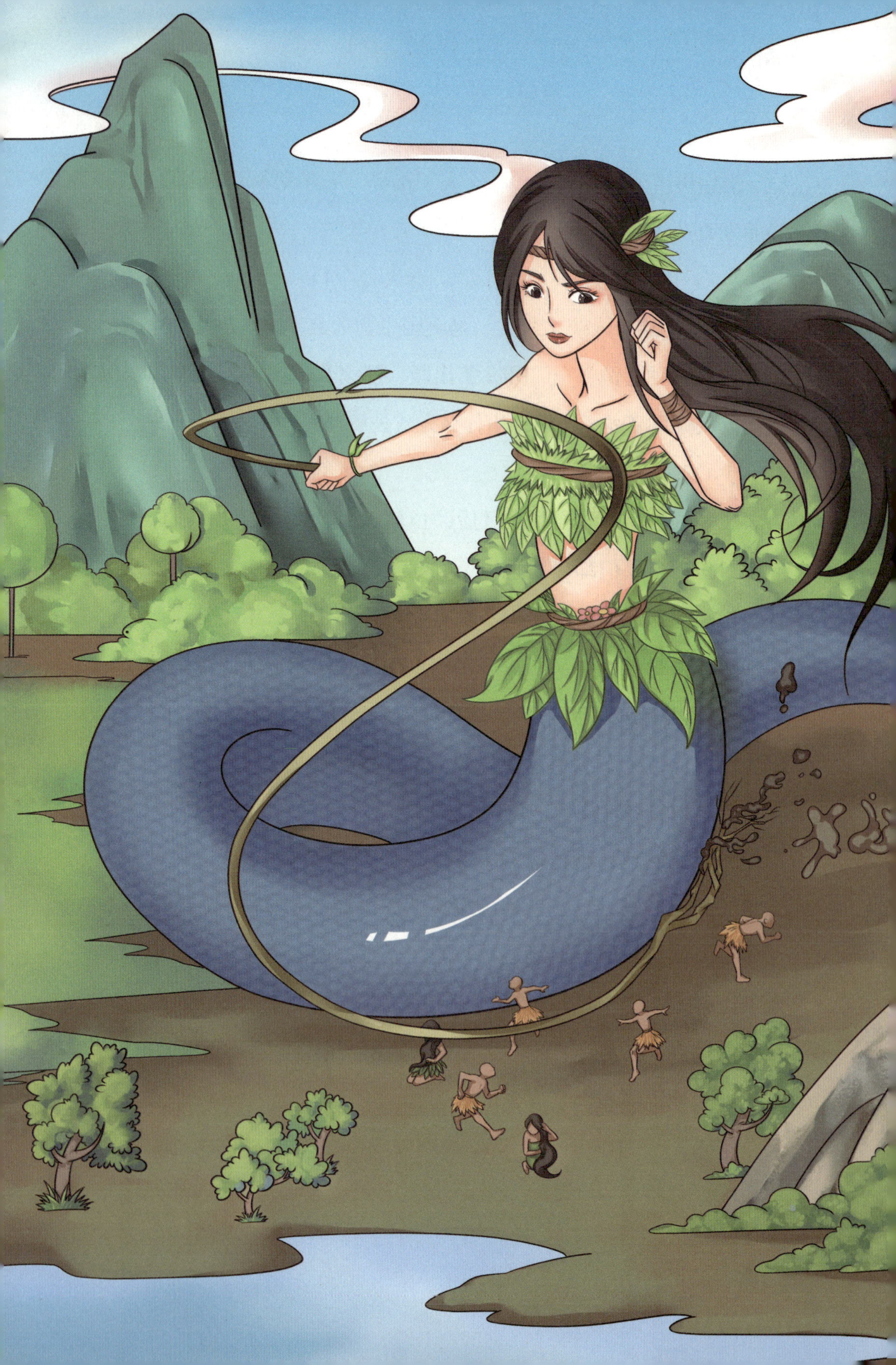

青蛙有关系似的。

姜sir：女娲代表了人类历史上母系氏族社会时期，当时女子在生产和生活中居于特别重要的地位，女娲补天、女娲造人，这些神话传说都反映了母系氏族社会的女子领袖带领大家工作的情景，可见那个时候女子的地位是非常非常高的。

娲，更应当理解为青蛙的"蛙"，有一个故事叫小蝌蚪找妈妈。你听过吧。很久以前，人们有一种"鱼蛙崇拜"。

小Q：啊？为什么会崇拜鱼和蛙啊？

姜sir：那个时候，无论是疾病，还是大自然灾害，常常会导致人员大幅减少，因为人多力量大，所以人们就特别想多生孩子。人们发现鱼和蛙一次生的孩子特别多，因此崇拜感就慢慢地集中在鱼和蛙的身上了。

小Q：连人们生的孩子也叫"娃娃"。是不是与这个也有关系啊？

姜sir：你说的确实是一种推测。

小Q：那为什么要用泥巴造人呢，多脏啊。

姜sir：这是制陶技术在神话中的反映，古代很多的东西最初都是用泥巴造的。人们认为泥巴能塑造那么多东西，自然也可以造人。同时人们在洗澡时，总能在身上搓出一点泥下来，古人又不知道这是角质细胞从新生到脱落的现象，所以就觉得自己是泥巴造出来的。

小 Q： 原来如此，顺便还解释了人身上为什么会有"掉泥巴"的现象。

姜 sir： 后来的统治者还把这则神话进行了改编：

> 俗说天地开辟，未有人民，女娲抟黄土做人。剧务，力不暇供，乃引绳絚（gēng）于泥中，举以为人。故富贵者，黄土人也；贫贱凡庸者，引絚人也。

意思是女娲造出了两种人，一种是花功夫捏出来的富贵者，一种是用绳子甩出来的贫贱者。让后代的很多人觉得自己的地位低就是因为祖先是甩出来的，所以自己理所应当地位低下。觉得命运是注定的。你相信吗？

小 Q： 我当然不信了，可那时候为什么会有人信呢？

姜 sir： 所以什么对于我们很重要？

小 Q： 姜 sir 我明白了，学习很重要，知识很重要。有了知识最起码不会被人骗。

姜 sir： 那世界有了，人类有了，接下来人类又会发生什么呢？我们下节见。

4 天上出现个大窟窿

各位同学,大家好,我就是那个人见人爱、花见花开、车见车爆胎的姜 sir。

大家好,我就是那个负责问问题的小 Q 同学。

小 Q:姜 sir,这个题目好可怕啊!上节人类才刚刚诞生,这会儿天上怎么就出现个大窟窿啊?

姜 sir:这就得提到两个神:水神共工与火神祝融。

小 Q:一听这俩名字,关系就不怎么好,水和火关系怎么可能好,水火不容啊!

姜 sir:故事是这样的,共工和祝融打了起来。共工进攻祝融居住的宫殿,把宫殿四周长年不熄的神火弄灭了。大地顿时一片漆黑。祝融驾着火龙出来迎战,全速追击。火龙所到之处,海水不由得滚滚向两旁翻转。这样,祝融就直逼共工的老巢，祝融获得了全胜。共工失败了，无法再战，狼狈地向天边逃去。共工一直逃到不周山，回头一看，追兵已近。共工又羞又愤，哎呀呀，就一头向山腰撞去，"哗啦啦"一声巨响，不周山竟被共工撞断了。

小Q：不周山和天上的洞有什么关系啊？

姜sir：小Q，古人知道地球是圆的吗？

小Q：当然不可能知道了。

姜sir：所以古人认为天地就好像房顶和地面的关系，一个上一个下，中间有个柱子支撑，所以就有了不周山，就有了天柱的说法，不周山一断，半边天空就塌了下来，露出了一个大窟窿，顿时天河倾泻，洪水泛滥。不断有陨石和天火从破开的天洞中落下，人类面临着巨大的生存危机。

小Q：这个共工好坏啊，被打败了还撞断了人类房子的支柱。

姜sir：共工的身份主要有两种说法，一种说法是大坏人，人面蛇身，有红色的头发，性情十分暴躁。另一种说法是大英雄，说当时颛顼（zhuān xū）是大首领，可是颛顼对老百姓不好，同时对反对者更凶残，甚至有的地方都见不到阳光，这时候共工站了出来，要推翻颛顼的统治，可是颛顼打败了共工，而不周山是颛顼维持统治的主要依靠之一。共工为了天下，牺牲了自己，撞倒了不周山。

小Q：也就是说神话往往有很多不同的版本，对吗？

姜sir：是的，毕竟是靠着大家口口相传，难免有多个版本出现。但无论是哪个版本，天最后破了个洞，所以最心疼人类的神一定会出手。会是谁呢？

小Q：我知道，是女娲！毕竟人类是她亲手造的。

姜sir：是啊，女娲看到人类东躲西藏的惨相，心中十分难过。她为了解救大家，决定采石补天。她选用各种各样的五色石子，架起火将它们熔化，用这种石浆将天空的窟窿填好，随后又砍下一只在水中作乱的大龟的四脚，当作四根柱子把倒塌的半边天支了起来。

小Q：这个故事好像我们家在盖房子啊！

姜sir：所以神话就是来源于现实，再加上丰富的想象力，那小Q你知道女娲补天的石头有没有剩余呢？

小Q：啊？还有人研究这个啊……

姜sir：从明清神话小说到民国仙侠故事，再到近年来的各种奇思妙想的电视剧，都有"女娲石"的传说。其中有本著名的小说，里面就有这个传说。

小Q：著名的小说，我看过吗？

姜sir：你应该听过，就是《红楼梦》。

小Q：当然知道了，四大名著之一啊，里面是怎么描写的呢？

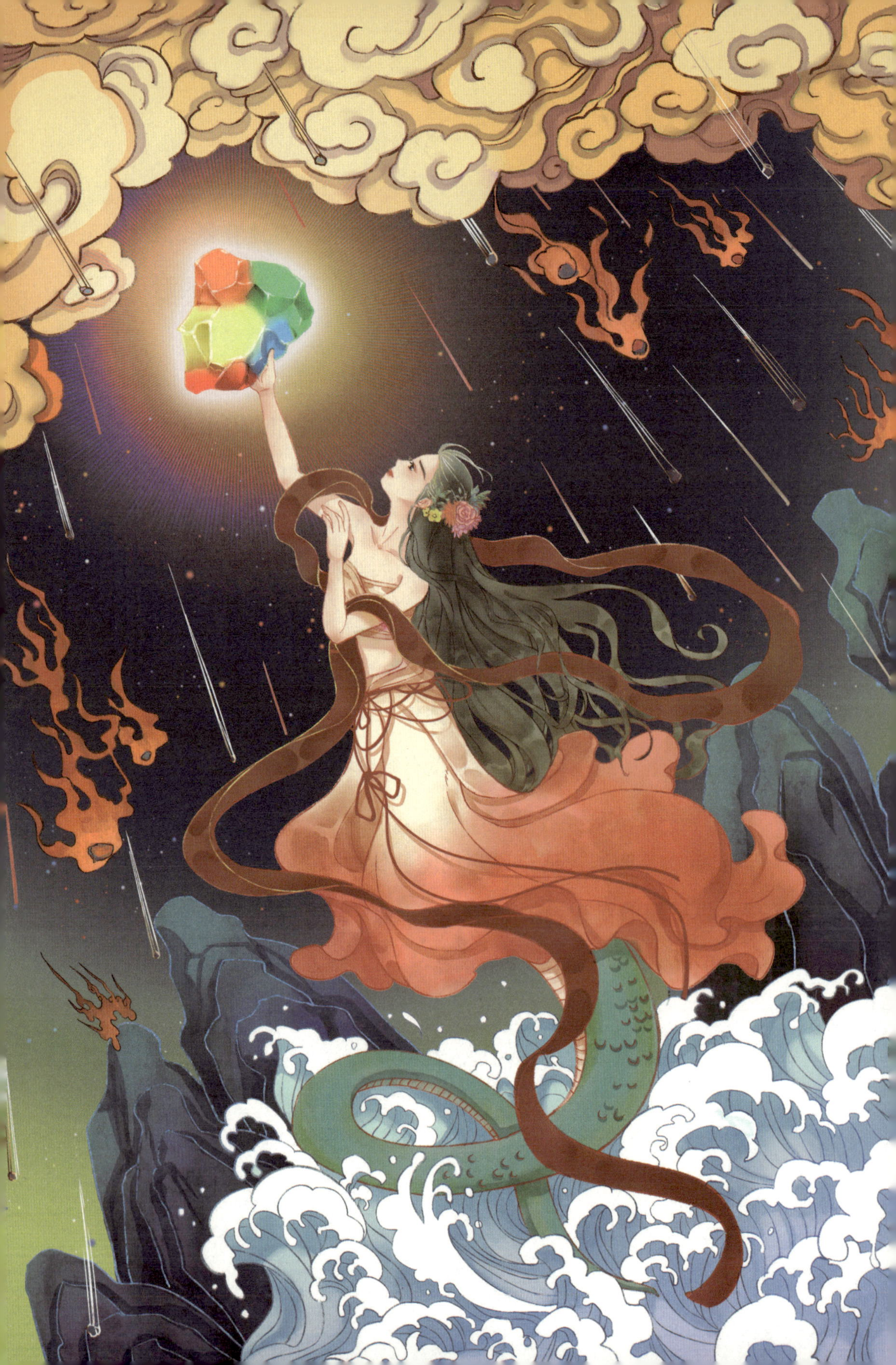

姜 sir：《红楼梦》里是这么写的：

> 原来女娲氏炼石补天之时，于大荒山无稽崖炼成高经十二丈、方经二十四丈顽石三万六千五百零一块。娲皇氏只用了三万六千五百块，只单单剩了一块未用，便弃在此山青埂峰下。

书中写到的这块顽石，最后变成了通灵宝玉。就是贾宝玉出生时嘴里含的那块。而《红楼梦》的别名就是《石头记》。

小 Q：真是太神奇了！

姜 sir：不管怎么样，天补上了，人间恢复了正常，继续生活，继续工作。但这个时候，人类却决定要分组，这又是为什么呢？我们下节见。

5 人类为什么要分组？

各位同学，大家好，我就是那个人见人爱、花见花开、车见车爆胎的姜 sir。

大家好，我就是那个负责问问题的小 Q 同学。

姜 sir：小 Q，你有没有亲人啊？

小 Q：当然有了，我又不是从石头里蹦出来的，我有爸爸妈妈、爷爷奶奶，好多好多亲人啊！

姜 sir：那你有没有想过，为什么你们是亲人关系呢？而其他大街上的陌生人就不是呢？

小 Q：我好像听过一些什么血缘关系啊，DNA 啊，但不是特别懂。

姜 sir：你都不懂，你觉得古人会懂吗？

小 Q：当然不可能了。我知道了，一定是神话。

姜 sir：这一节就不用神话来解释了，因为我们已经可以通过一些推断，不用神话解释人类为什么一步一步分成了家族，也就是我们说的亲属。其实人类最初是没有所谓的各种制度的，那时只不过是原始人群。大家吃穿住行都在一起，因为人们只有结成群体，才有可能战胜大自然，才有可能打败凶猛野兽。小 Q，在那个时候，你会独自离开群体吗？

小 Q：不会不会，在大森林里，不是饿死，就是被野兽吃掉。

姜 sir：所有人都不离开，但有人会去世，这样总数就会减少啊，怎么办？

小 Q：生孩子啊，这样人数就保持住了。

姜 sir：可还是会出现问题，大家都不会离开，一代一代下来，就都成为亲属了。可是亲属之间是不能结婚的呀。

小 Q：姜 sir，亲属之间为什么不能结婚啊？

姜 sir：亲属之间血缘关系太近了，他们结婚的话后代容易患有先天性疾病，要么体弱多病，要么智力低下。古人说"男女同姓，其生不蕃"的意思就是亲属间通婚，他们的子孙后代不会繁盛。所以一旦人口数量变少，后代的身体又不是很强壮，在原始时代，会不会出现问题？

小 Q：当然会了，野兽来了怎么办？身体不好，去摘野果子都摘不了几个。

姜 sir：这种现象逐渐引起了人们的重视。于是人们就规定，画个圈圈，咱们就是一个小组，咱们这些人都是亲人，什么三姑、二舅、老姨等，总之圈圈内部的人不能结婚。这就开始分组了，也就是人类最早的氏族。

小Q： 我明白人类为什么要一点一点分组了。

姜sir： 分完组之后，大家就有了动力，我们是一个圈圈的啊，我们得一起努力过上幸福生活，于是就有了分工，就像在校园里的一个小组，大家都分别负责什么一样。

小Q： 是不是就像咱俩，我负责问问题，你负责讲知识？

姜sir： 可以这么理解。那你觉得男生女生的工作要不要一样？

小Q： 我觉得还是要分开，毕竟妈妈从小就告诉我，我是男子汉，要保护女生。

姜sir： 所以男子外出打猎、捕鱼。女子采集果实，加工食物，缝制衣服等。小Q，在原始社会时代，你觉得打猎、捕鱼和采集果实哪个容易一些呢？

小Q： 我觉得是采集果实，因为毕竟打猎、捕鱼都需要一些好工具，那时候又没有，再说了，又不一定能保证打到猎物。

姜sir： 所以采集果实就成为小组成员生活的重要来源，再加上孩子都是女子生的啊，于是女子在小组中具有很高的地位，这段时间也就是母系氏族。

小Q： 我一下子想到了女娲的"女"字。

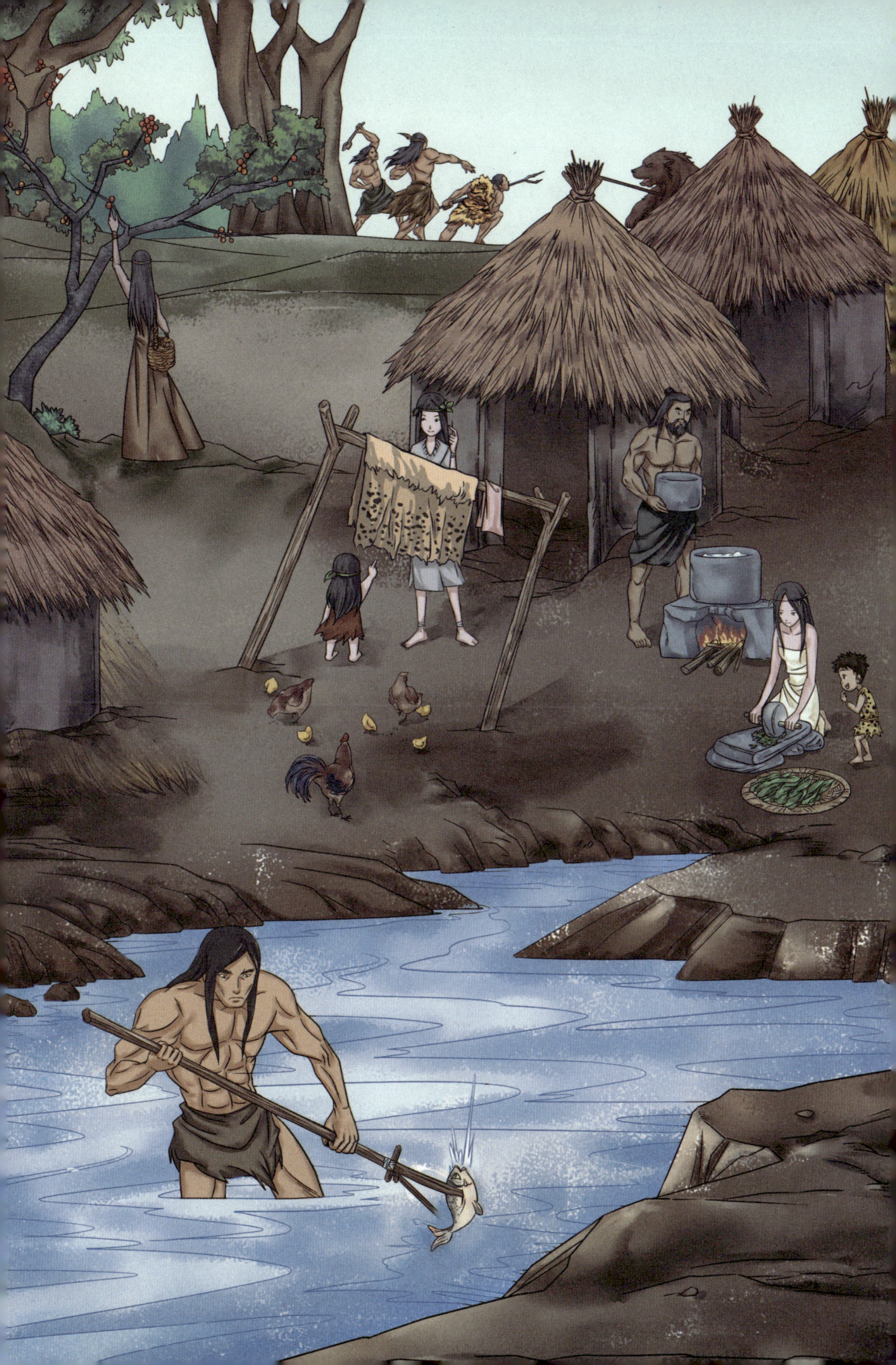

姜 sir：但随着生产工具的进步，农业生产就从女子手中转移到男子手中，男子成了主要力量。因为男子比女子更适合从事耕地等重体力劳动。男女在生产劳动中地位的改变影响到他们在家庭中的地位。男子代替了女子的地位，母系氏族就转化为父系氏族。既然小组已经出现了，总要选出个首领吧，谁能脱颖而出呢？我们下节见。

6 谁是领袖?

各位同学,大家好,我就是那个人见人爱、花见花开、车见车爆胎的姜 sir。

大家好,我就是那个负责问问题的小 Q 同学。

姜 sir：上节我们说到人类已经有了组织,有了组织就得有领导。因为这样能够更好地组织大家安排工作。小 Q,你觉得领导得具备什么特点呢?

小 Q：我觉得至少得善良,不能光想着自己,是那种做事情能想着大家的人。

姜 sir：按照这个标准,远古时期就有这样的两个人,其中一个为了大家还差点丢了命。

小 Q：这是不是就叫具有牺牲精神啊?牺牲我一个,幸福千万家。他是谁啊?

姜sir：这个人就是为大家所熟知的炎帝。

小Q：姜sir，我好激动啊。我们中国人都管自己叫炎黄子孙，我们就是炎帝和黄帝的后代啊！

姜sir：说到炎帝，最大的问题就是，炎帝和神农氏是不是一个人，有的版本说二者是同一个人，又有的版本说神农氏和炎帝是两个人。

小Q：姜sir，对于这种定不下来的问题，有没有可能在某一天定下来啊？

姜sir：这个问题问得好，很多历史争议、谜团，说不定哪一天又发现了一些古书或者新挖掘出一些文物，就能够解决这些争议。

小Q：那我们就按照炎帝就是神农氏来讲个故事吧。

姜sir：小Q，我问你三个问题。第一，远古时期有没有医院？

小Q：这个问题太简单了，当然没有了，能不能问个难一点的？

姜sir：第二个问题，去野外森林里，野果、野菜能随便吃吗？

小Q：当然不能了，很多东西是有毒的啊！

姜sir：那远古时期的人又不知道你懂的这些，肯定会去吃啊，又没有医院，怎么办？

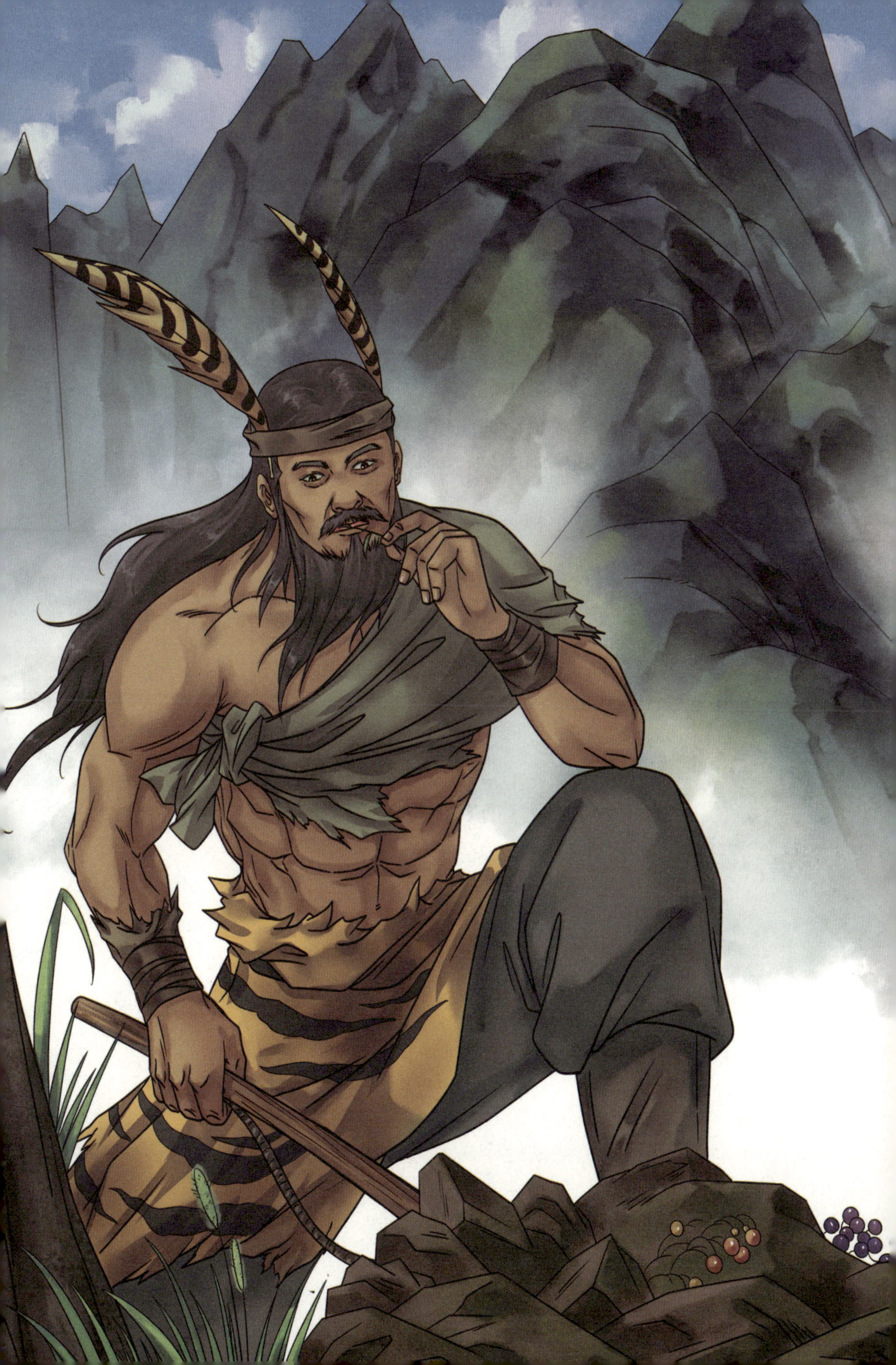

小Q：是啊，怎么办啊，真想送他们一些药。

姜sir：炎帝为这事很犯愁，决心尝百草、找良药，为大家治病。于是他亲自上山采药，为了辨别药性，尝各种各样的草药。他曾经在一天内中毒了70次。

小Q：啊？那不会危害生命吗？

姜sir：所以，相传他生下来就有个水晶肚子，几乎就是透明的，五脏六腑都能看得一清二楚。比现在的医疗科技还厉害，他还有一条很神奇的鞭子，用它来鞭打各种各样的草药。这些草药被鞭子一抽打，有毒无毒及各种药性就自然表现出来了，简直比现代的各种医疗实验室都厉害。神农氏就根据各种草药的药性去给人们治病，为人们消除痛苦。

小Q：我也会选他当首领，除了他伟大的精神以外，人家这个肚子也厉害啊！

姜sir：相传炎帝还有其他贡献呢，比如他发明了一种武器，请听我来形容，砰！嗖——哎呀！

小Q：姜sir，你这个叫啥谜语啊，太难猜啦。

姜sir：砰！就是拉弓弦射箭。嗖——就是箭在飞。哎呀！就是没射中。这个发明就是弓箭，有了弓箭，打猎就方便多了啊。我再给你猜一个。砰！嗖！哗——，哈哈哈……

小Q：你是我见过出谜语最随意的人，猜不出来。

姜sir：砰！就是挖个坑。嗖！就是扔种子进去。哗——

就是浇水。

小Q：那"哈哈哈"是什么啊？

姜sir：丰收了，开心的笑声啊。

小Q：姜sir，有一种笑话叫冷笑话，你这种叫冷谜语。

姜sir：这说明炎帝教会了大家种田，在那个原始时代，人们如果会种田了，就能解决吃的大事啊。我再给你猜一个谜语。

小Q：算了吧，我们还是讲下一个人物吧。你的谜语太难猜了。

姜sir：下一个人物的出生可不简单。传说有一天晚上，他的母亲看到绕北斗第一星——天枢起了一道电光，照耀四野，然后她就感到身上有一种奇怪的震动，于是24个月后这个孩子才出生。他出生的时候，紫气满屋，远处一片彩云久久不散。生下没多久，孩子便能说话，15岁时，他就被大家拥戴当上轩辕部落的首领。

小Q：这个故事也太假了吧，我隐隐约约听过好多名人出生的时候都是各种稀奇古怪的现象，为啥我出生时就是很普通地哇哇大哭呢？

姜sir：想当年姜sir出生的时候，天空中原本是乌云密布，突然一道道闪电劈向了我出生的地方，整个屋子里顿时金光乍起，天空中有两条金龙盘旋……

小Q：接下来你是不是要说你出生就会背古诗啊？

姜sir：你猜对了，一个英俊帅气的婴儿出生了。

小Q：别说了，你就是想说你的厉害是天生的呗。

姜sir：所以那些有名的人出生的时候有各种征兆，都是用来包装自己的手段，就是来告诉世人——我不是普通人。

小Q：那这个相传24个月出生的孩子是谁啊？一定很厉害吧？

姜sir：这个人就是黄帝。

小Q：我们的另一个祖先，炎黄的黄帝啊。那他们两个会发生什么故事呢？

姜sir：黄帝的部落在壮大，炎帝的部落也在壮大，那么这片土地上谁是最终的领袖呢？究竟要怎么决定呢？我们下节见。

7 上古第一战

各位同学，大家好，我就是那个人见人爱、花见花开、车见车爆胎的姜 sir。

大家好，我就是那个负责问问题的小 Q 同学。

小 Q：上节我们提到了炎黄，我们都管自己叫炎黄子孙，可炎帝和黄帝是真实存在的吗？

姜 sir：炎帝、黄帝都只在古籍文字上有记录，但文物古迹中还没有证明他俩存在过的考古证据。

小 Q：那既然是不确定真实的人物，为什么还要说大家是炎黄子孙呢，炎黄为什么这么重要呢？

姜 sir：有一首歌是这么唱的——"五十六个星座，五十六枝花，五十六族兄弟姐妹是一家。五十六种语言汇成一句话，爱我中华爱我中华爱我中华。"

小Q：这首歌和炎黄有啥关系啊？

姜sir：为什么56个民族是一家？这叫民族一体感，我们是一个祖先的后代，一代传一代，才有了现在，所以炎黄就是我们的根，即使是传说，也是我们的祖先。如果你是部落首领，你希望自己的部落越来越大还是越来越小？

小Q：当然是越来越大啊。

姜sir：所以部落和部落之间一定会爆发战争，武力强大的黄帝部落征服了很多部落。炎帝部落也在四方征讨，扩大自己的势力，这个时候，最强大的两个部落一定会发生什么事呢？

小Q：战争！

姜sir：这就是著名的阪泉之战，开战后，黄帝率领"熊、罴（pí）、狼、豹、貙（chū）、虎"六部军队摆开了阵势。

小Q：黄帝为啥拉了一群动物去打架啊？

姜sir：这些动物不是我们在动物园看到的那些，而是各部落的名称。六部军队各持自己崇拜的动物为标志的大旗，这个叫图腾文化。

小Q：图腾是不是讲女娲的时候提到的那个崇拜鱼蛙？

姜sir：对喽，图腾简单的理解就是崇拜，我崇拜熊的力量，熊就是我的图腾，我觉得熊可以给我力量，我就在身上画个熊，旗帜上要有熊的样子。

小 Q：那我的图腾可能真是熊。

姜 sir：为什么啊？

小 Q：我妈妈总说我是"熊孩子"。

姜 sir：熊孩子是调皮的意思，不是图腾文化。我们还是说回炎黄之间的事情吧。当时炎帝在黄帝没有防范的情况下，以火围攻，使得轩辕城外浓烟滚滚，遮天蔽日。黄帝又不能打119找消防员灭火，只能派人用水来熄灭火焰，然后进行反攻，黄帝将炎帝赶回阪泉之谷。黄帝在阪泉之谷竖起七面大旗，摆开了星斗七旗战法。千变万化的阵法层出不穷，让炎帝的士兵看得眼花缭乱。但其实黄帝一边以星斗七旗战法做掩护，一边派兵日夜掘进，早将洞穴挖到炎帝的后方。有一天，黄帝的士兵从炎帝后方突然蹿出，偷袭了炎帝阵营，炎帝无计可施，只得投降。但黄帝仰慕炎帝先进的农耕及医疗技术，决定和炎帝共同治理天下。炎帝也点点头，欣然接受。

小 Q：好啊，好啊，和平喽！

姜 sir：可不久后，新的战争又爆发了，来自其他地区的部落，在蚩尤部落的带领下进攻了黄帝部落。

小 Q：姜 sir，我好像听过蚩尤，很可怕的样子。

姜 sir：传说蚩尤有八只脚，三头六臂，铜头铁额，刀枪不入，勇猛无比。

小 Q：那黄帝能打过蚩尤吗？最后赢了吗？

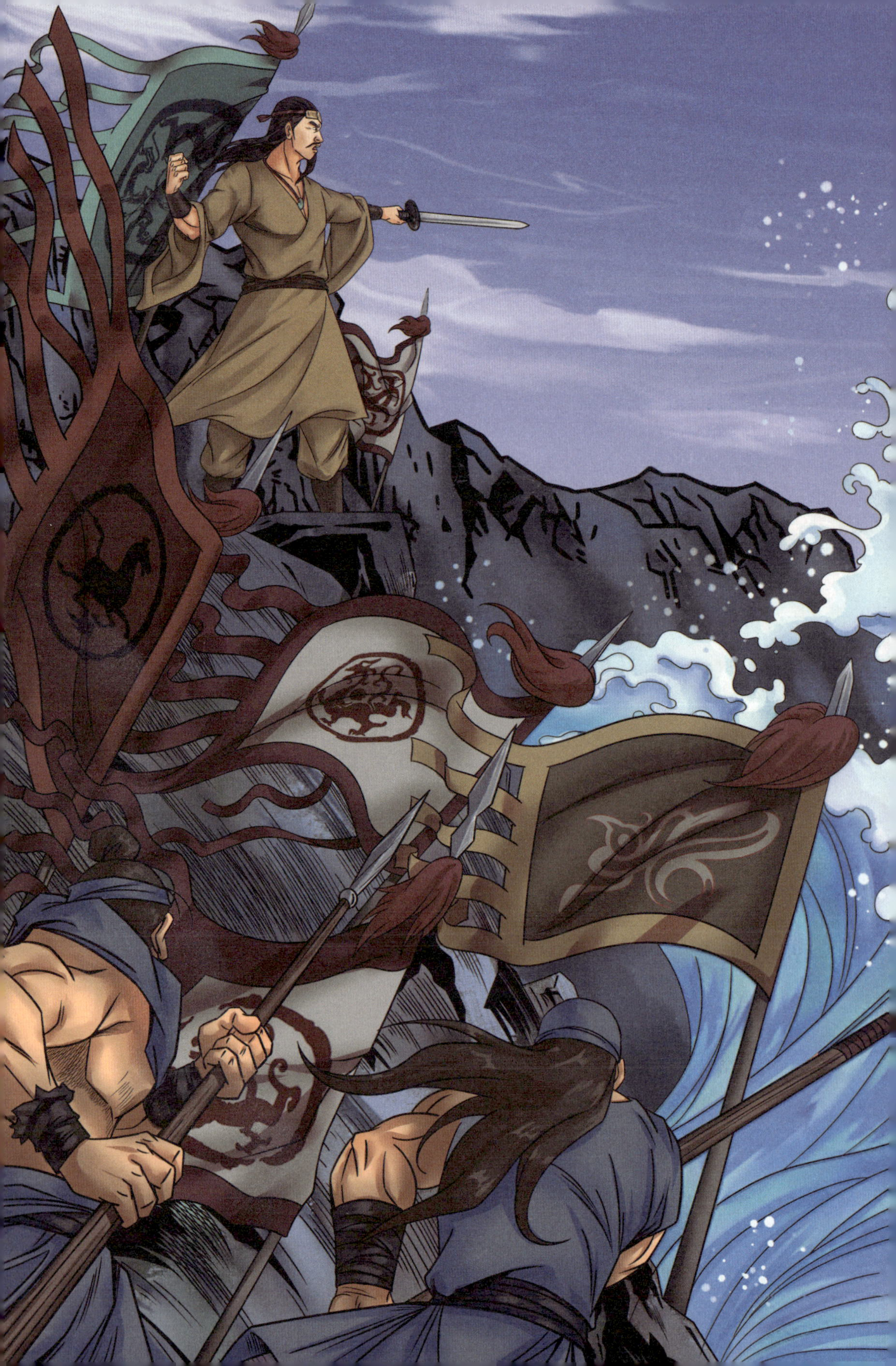

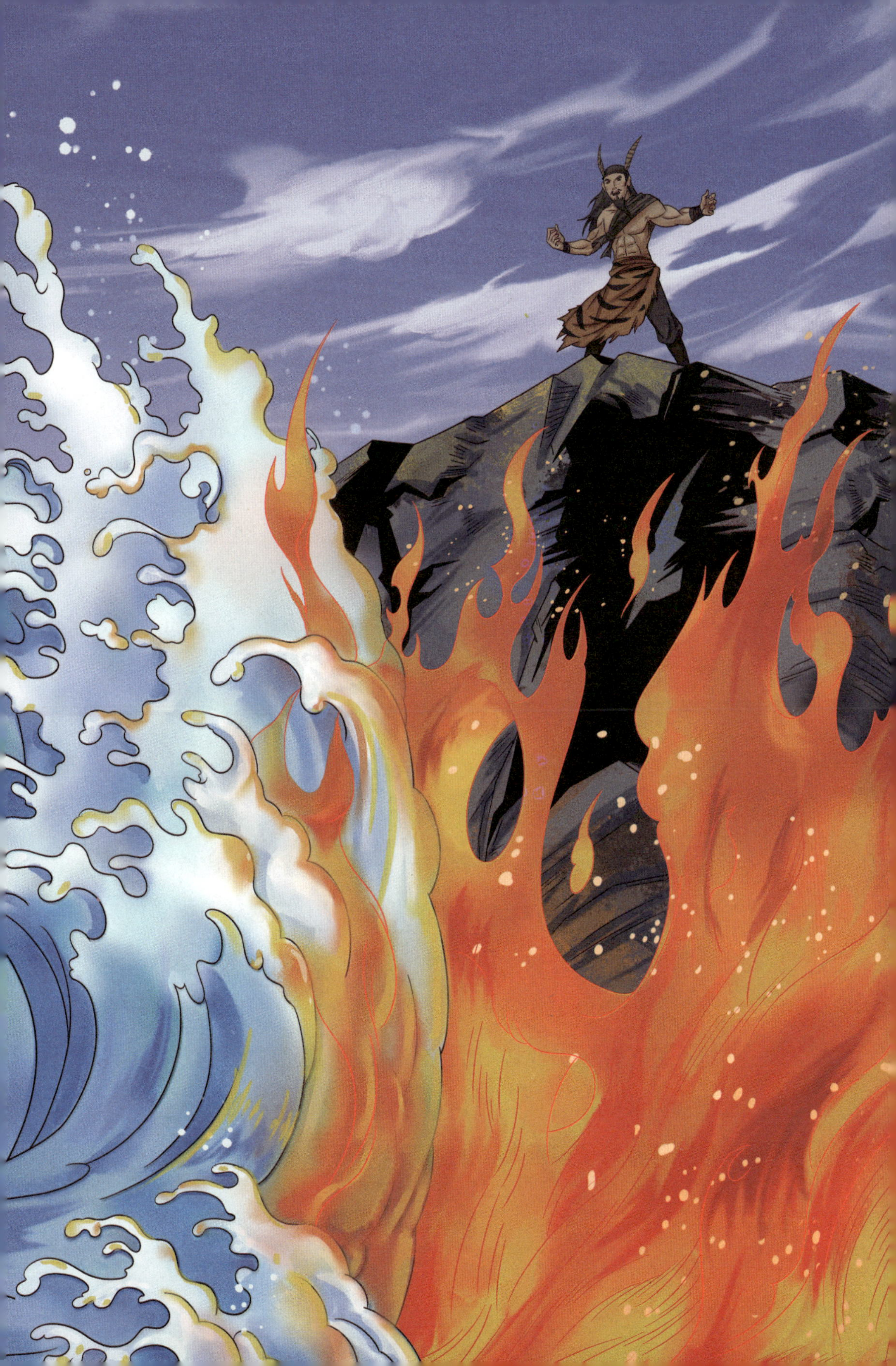

姜 sir：那就是惊天动地的涿鹿之战。战争爆发后，有一天是浓雾和大风暴雨的天气，这很适合生活在多雨环境的蚩尤族。所以在战争刚开始，黄帝族屡屡战败。然而，没过多久，雨季过去了，天气放晴，这就给黄帝族转败为胜提供了时机。黄帝族把握战机，向蚩尤族发起反击。利用特殊有利的天候——狂风大作，尘沙漫天，趁着蚩尤族看不清楚的时候，以指南车指示方向，向蚩尤族进攻，终于一举击败敌人，战争以炎黄部落的胜利告终。从此之后，炎黄二帝就成了中华民族共同的祖先。

小 Q：这么激烈的战争结束后，是不是就会和平很长时间啊？

姜 sir：这场战争意义重大啊，统一了各个民族，但也有一种说法，黄帝其实是蚩尤的爸爸。

小 Q：什么？怎么可能？你自己编的吧？

姜 sir：这就要提到"清华简"了。清华简是指公元前300年左右的一批竹简，在一段时期内清华简被盗墓者盗挖后流散到海外，幸好被一位清华校友购回，2008年捐赠给了清华大学，但当时不少竹简已受损严重，所以专家、学者们迅速进行抢救性保护。从2011年开始发布研究成果，专家也说过很多内容前所未闻，里面涉及了黄帝时期的历史传说，就写道"黄帝有子曰蚩尤，蚩尤既长成人，乃作为五兵"。但是专家也提到了，清华简中记载的黄帝故事，应该是战国时期的思想家汇集当时有关黄帝的材料剪裁而成的，其中哪些是神话传说，哪些又是史实，还是有待辨别的。

小 Q： 历史真是太有趣了。期待着更多文物的出土。

姜 sir： 炎黄为我们打下了良好的基础，在后面的时期里，还会有哪些优秀的人物出现呢？我们下节见。

8 不确定的三皇五帝

各位同学，大家好，我就是那个人见人爱、花见花开、车见车爆胎的姜 sir。

大家好，我就是那个负责问问题的小 Q 同学。

姜 sir：小 Q，如果让你回到古代，所有的职业你都可以选择，你会选择做什么职业？

小 Q：皇帝，当然是皇帝啊。

姜 sir：为什么？

小 Q：天下都是我的，我说什么就是什么，想干什么就干什么，想想都觉得舒服。

姜 sir：那你知道皇帝为什么叫皇帝吗？

小 Q：啊？我就知道秦始皇是第一个叫皇帝的人，至于为什么，我就没想过了。

姜 sir：秦始皇当时统一了天下，说"天下大定。今名号不更，无以称成功，传后世"，意思是我现在身份变了，我都这么厉害了，你们不能像以前那样称呼我了。于是他决定把"三皇五帝"中的"三"和"五"去掉，就叫"皇帝"。

小 Q：那秦始皇一定是觉得三皇五帝很厉害，所以才从中间取了两个字，对不对？

姜 sir：在中国神话里，三皇五帝那真的是名气太大了，但是，三皇五帝又同时是中国神话中最乱的一个部分。到现在为止，三皇五帝究竟是谁，很多人都不能够完全说清楚。

小 Q：可是我看书的时候，看到过有写出具体名字啊。

姜 sir：是因为有太多版本，太多种说法了。最神奇的就是，每一种说法都各有各的依据，各有各的理由。听完了每一个理由，你都会觉得说得有道理。

小 Q：有没有哪个版本支持的人多一些呢？

姜 sir：支持人数比较多的版本就是伏羲氏、燧（suì）人氏、神农氏称为"三皇"；黄帝、颛顼、帝喾（kù）、尧帝、舜帝称为"五帝"。我们就按照这个版本说一下，三皇五帝做了哪些贡献。第一位燧人氏发明了一样东西，怪兽见了会害怕，天冷了能用来取暖。

小 Q：这个谜语太好猜了，火。

姜 sir：燧人氏最大的贡献就是发明了人造火。在原始时代有了火，你说厉害不厉害？

小Q：太厉害了！他们是怎么研究出的火啊？

姜sir：火，其实人们早就认识了，打雷闪电，树林起火。但原始人很害怕啊！不过偶尔能捡到被火烧死的野兽，拿来一尝，味道还挺香，于是人们渐渐也学着用火烧东西吃，并且想办法把火保存下来，一直不灭。可这件事本身就很难，天上又不可能随时都有雷下来。又过了相当长的时期，人们发现有一种石头叫燧石，也叫打火石，敲敲打打，会敲出火花来，有了火就可以点燃一些干枯的树枝，这就自己造出火来了，传着传着就说成是一个人，而这个东西叫燧石，所以就有了一个人叫作"燧人氏"。

小Q：我要给他发个奖状，叫"造火英雄"。

姜sir：第二位叫伏羲。小Q，有了火，你会用来烤什么吃呢？

小Q：我最最最爱吃烤鱼了。

姜sir：怎么捕鱼？用手抓，还是去一条一条地钓？

小Q：要是有个大网就好了，能一次捞上来好多鱼。

姜sir：伏羲和你想的一样。一天，他躺在河岸上的大柳树下想着捉鱼虾的办法。无意中看见身边有一棵枯树，你猜他看到了什么？

小Q：蜘蛛网，蜘蛛就是用网来抓一些小昆虫的。

伏羲

燧人氏　神农　黄帝　颛顼

帝喾　尧帝　舜帝

姜 sir：所以伏羲就按照蜘蛛网发明了网。可是捕来的虫鱼鸟兽，一次吃不完怎么办？

小 Q：难道伏羲发明了冰箱？

姜 sir：伏羲研究出了饲养。抓回来的鸡、鸭、鹅都可以养着，慢慢地越来越多。你说伏羲贡献大不大？

小 Q：我要给他也发个奖状，叫"发明小能手"。

姜 sir：第三个其实你认识，我估计你也会给他发个奖状，上面写最佳奉献奖，因为他连命都可以奉献出去。

小 Q：尝百草的神农，就是姜 sir 说有可能就是炎帝的神农？

姜 sir：对喽！

小 Q：我的奖状要写"远古 120"，就相当于救护车了。

姜 sir：那三皇其中的一个版本就是他们三个了。

小 Q：那五帝都做了什么呢？我还要发奖状呢！

姜 sir：我还挺期待你这个神奇的奖状，第一个你肯定认识，我们的祖先，所有人都是他和炎帝的后代。

小 Q：黄帝。奖状就写俩字"祖宗"。

姜 sir：你这个奖真是太通俗易懂了，第二位叫颛顼。

小 Q：我怎么记得颛顼是个大坏蛋啊，有个版本不是说他和共工打架吗？

姜 sir：这只是其中一个版本的传说，有这样一段话，"汉以前人相信轩辕黄帝、颛顼、帝喾三人为华族祖先"。可事实上，历史上的五帝多有争议，不过在已知的五种排序中，颛顼都名列在册，可见其功绩。

小 Q：那我给他的奖状上写"祖宗 2 号"。

姜 sir：第三位是帝喾。

小 Q：这个人好陌生啊，名气很大吗？

姜 sir：帝喾名气不大，有些史书甚至去除了帝喾，而用少昊或大禹取代了他。其实帝喾非常厉害，他是一个和平主义者，很少去打仗，主要精力都放在国家的治理上。帝喾的儿子很厉害的，就是尧舜禹的尧。

小 Q：奖状我想好了，就写"上古好爸爸"。

姜 sir：那下一个估计你要写"上古好儿子"了。尧统治时期，所有部落友好交往，同时这些部落联合起来，马上要出现国家这种形式了。传说尧还确定了现在都在用的春夏秋冬四季，可以指导人们根据季节种田。

小 Q：这么厉害，那奖状上一定要写"观察小王子"。

姜 sir：为什么给这个称号啊？

小 Q：姜 sir，你想啊，能分出四季，一定是善于观察大自然的变化。

姜 sir：最后一个是舜帝，被称为中华道德文化的鼻祖。他也受到了孔子各种各样的赞美。舜帝最大的一个优点就是孝顺。小时候，舜如果受到父母的批评，他总是会想，一定是自己哪里做得不好，才让父母生气。然后他更加细心地检省自己的言行，想办法让父母欢喜。有时候他还跑到田间号啕大哭，自问为什么不能做到尽善尽美，得到父母的欢心。

小Q： 那这个奖状就可以写"上古好儿子"吧。

姜sir： 好吧，你赢了，虽然三皇五帝的版本很多，但不管是哪个版本的三皇五帝都代表着中华文明史的发端。既然提到了国家这种形式就快产生了，接下来就会涉及一个重要的问题，一个人不可能长生不老，等他老了或者去世了，谁来接替他的职位呢？我们下节见。

9 尧舜禹怎么传？

各位同学，大家好，我就是那个人见人爱、花见花开、车见车爆胎的姜 sir。

大家好，我就是那个负责问问题的小 Q 同学。

姜 sir：小 Q，上节你说最想当皇帝，那你知道在古代怎么样才能当上皇帝吗？

小 Q：造反起义，开创新的王朝。

姜 sir：这的确是一种方式，你觉得成功的概率有多大？

小 Q：几乎为 0，太难了。

姜 sir：还有简单的方式吗？

小 Q：那除非我爸是皇帝，同时我们家孩子还得少，最好就我一个。我就可以很轻松地继承皇位了。

姜 sir：你觉得这个容易吗？

小Q：太难了。

姜sir：在很早的时候，有一种方式，只要你表现得特别好，就有机会当上首领。

小Q：啊？这是什么方式啊？

姜sir：这就叫禅让制。当我们回忆起古代的传承制度时，大多数的人都知道是儿子继承父亲的天下，这似乎已经成为一种规律。可是在这之前，有另一种继承的方法，存在于尧舜禹三个德智体美劳全面发展的伟大人物之间。舜因为孝顺父母，被推荐到尧手下当官。尧观察了他20多年，觉得不错，在自己老的时候，把首领的位置让给他。

小Q：不是都给自己儿子吗？

姜sir：那叫世袭制。

小Q：这两个制度有什么区别吗？

姜sir：世袭制就是看血缘关系。举个例子，你的爸爸是皇帝，你们家就你一个孩子，那将来你就是皇帝了，也叫"家天下"，一代传一代。而禅让制类似于现在的投票选举，呼声最高的候选人将接任大权，成为下一任的领导者，和血缘无关。只要你足够优秀，就可以当首领，和谁是你的爸爸无关。

小Q：那我觉得禅让制好啊，可以确保下一任皇帝是最棒的啊。那后来为什么不用了？

姜sir：我们想一想，你的爸爸有一个大公司，他有一天老了，如果按照世袭制，那就是给你的；如果按照禅让制，小王同学比你表现得好，应该给他。你同意哪个做法呢？

小Q：当然是给我了，我们家的凭什么给别人啊。不过我可以雇小王给我工作，哈哈！

姜sir：你这种想法，放在古代就是你世袭了你爸爸的皇位。同时又雇了最优秀的小王当了大臣，一般这样的皇帝都能治理好国家。

小Q：其实禅让制真的挺好的，但到了自己做选择的时候，挺难的。

姜sir：仔细想想，其实禅让制也有不容易实现的地方，什么叫最棒，比什么？品德怎么比？比孝顺？比善良？比体力？比学习成绩还是比人缘好？

小Q：是啊，尧舜禹之间是比的什么呢？

姜sir：尧舜禹距离我们太遥远了，周朝的《尚书》是关于禅让制最早的文字记录，所以有一些人就怀疑过，著名的韩非子说过，"舜逼尧，禹逼舜"。

小Q：逼是逼迫、强制的意思吧？怎么一下子从禅让变成逼迫了呢？

姜sir：在一些史书上有类似的记录。尧在位70年后，他儿子丹朱表现非常不好，不得百姓爱戴，舜那时已展现出治国的能力，但还是推荐丹朱治理南河八年。直到朝臣和百

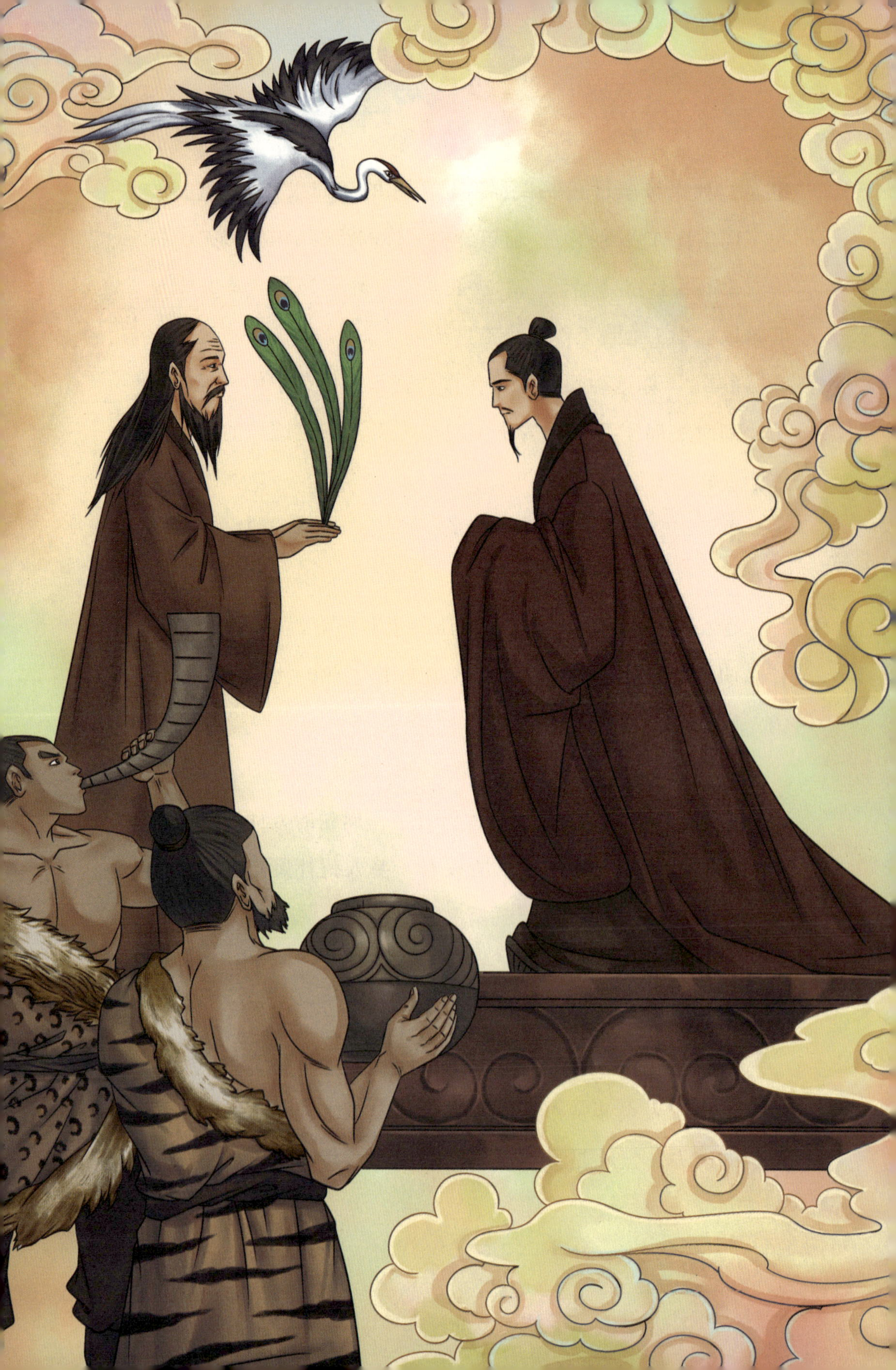

姓认为丹朱根本治理不了国家，让尧也了解到他的儿子能力不行，舜才以一句"天也"结束了这一切，坐上了帝位。这样看来，似乎并不是尧让位，而是舜自己取代了丹朱。荀子也说过："夫曰尧舜禅让，是虚言也，是浅者之传，陋者之说也。"意思就是怎么可能禅让制是真的呢？

姜 sir：小 Q，你听说过曹操吗？

小 Q：当然听说过，我特别喜欢读《三国演义》。

姜 sir：曹丕是曹操的儿子，当时汉献帝禅让皇位给他，曹丕说了一句："舜禹受禅，我今方知。"意思就是我知道什么是真正的禅让制了。

小 Q：姜 sir，我看过《三国演义》，当时汉献帝一点实力都没有，曹操想当皇帝太容易了，说让汉献帝让出皇位就得让出皇位，既然有人怀疑过，那到底禅让制是否存在呢？

姜 sir：《史记》中描绘的尧舜禅让制令人向往，"传贤不传子"的传说成为历代史家特别希望的理想政治局面，所以无论禅让制是否真的存在，它都是美好的，也是我们努力的方向。

小 Q：姜 sir，我今天终于明白你一直和我强调要思考了，不能人家说什么就是什么，要多读书，多思考。

姜 sir：大禹结束了禅让制，传给了自己的儿子，一个国家即将建立，一个时代即将开始。会是什么朝代呢？我们下节见。

第 2 章

缺少记录的夏朝

10 夏朝历史哪儿去了？

各位同学，大家好，我就是那个人见人爱、花见花开、车见车爆胎的姜 sir。

大家好，我就是那个负责问问题的小 Q 同学。

姜 sir：小 Q，你听过一个朝代叫夏朝吗？

小 Q：听过啊，"夏商与西周，东周分两段"，夏朝是第一个朝代啊！

姜 sir：那你能说说，你对夏朝了解多少吗？

小 Q：这个，这个……好像我就知道有个夏朝。

姜 sir：其实我们很多人都一样，对夏朝的了解很少。就连《史记》中记录的夏朝历史也很模糊。夏朝就像一个谜一样。

小 Q：姜 sir，为什么夏朝的历史记录很模糊呢？

姜 sir：小 Q，你吃过雪糕吧？历史就像一根雪糕。你拿一根雪糕给妈妈，时间越短越能保证雪糕的完整程度。如果隔了五年，你把雪糕给妈妈，还剩什么？

小Q：那雪糕就只剩下棍和包装袋了，所以是夏朝离我们太远，就像雪糕一样，能吃到的很少，对吗？

姜sir：这是一方面原因。还有一方面原因是当时还没出现文字，没有文字，怎么能把历史传递下来呢？难道靠嘴？那可是几百年的一段历史啊，只靠口头传播能行吗？

小Q：不行不行，就光我昨天一天的事，我给别人讲，都得说好久呢！

姜sir：有关夏朝的所有记载，最早出现在周朝。也就是说，周朝的人说曾经有个夏朝，你知道不知道周朝和夏朝中间还隔着哪个朝代？

小Q：商朝啊，也好几百年呢，但商朝有文字了啊，我们可以从中去找夏朝的证据啊。

姜sir：小Q好聪明啊，商朝有甲骨文，就是我们最早的文字，虽然甲骨文研究已过百年，但还有许多问题没有搞清楚。比如片数，关于目前发现的甲骨数量，一种说法是从1899年甲骨文首次发现到现在，分布在全世界的甲骨文收藏估计在13万到15万片。

也有一种说法认为，目前海内外约有16万片，同时经学者编纂的甲骨文字典收字已有4000多个，相关学者对其中

2000多字有过研究，但目前取得共识的破译字仅1000多个，一大半字还不认识，只能放在字典的附录中存疑待考。这些字根本不够用啊，同时，在我们已经研究明白的文字里面，也没有关于夏朝的记录，所以你说夏朝是不是很难去了解。

小Q：太难了。姜sir，我想起来了，你说过，解决一些争议的话题可以靠古书也可以靠文物古迹，那文字没有，会不会有一些类似墓穴、宫殿这样的证据来证明夏朝的存在呢？

姜sir：姜sir要给小Q鼓掌了，你说的可是近代史学大家王国维提出的"二重证据法"，就是把史书记载和出土的文物相互验证，但夏朝很多建筑是土木建筑，一倒就烂，保存不了多久。

小Q：唉，刚被夸了聪明，以为有证据了。

姜sir：别着急啊，目前真的找到了证据，就是二里头文化，这里被称为最早的中国。

小Q：这个地方在哪儿啊，我要买票，现在就去看看。

姜sir：别着急，别着急，就在河南省洛阳市，等我说完你再去，你知道夏朝有多少年吗？

小Q：你都说很难研究了，还问我。

姜sir：曾经有一些人怀疑，说夏朝并不存在。1996年，我们国家启动了一个"夏商周断代工程"，组织历史学、考古学、文献学、古文字学、历史地理学、天文学和测年技术学等领域的众多专家进行联合攻关，最后公布了中国夏商周时期的

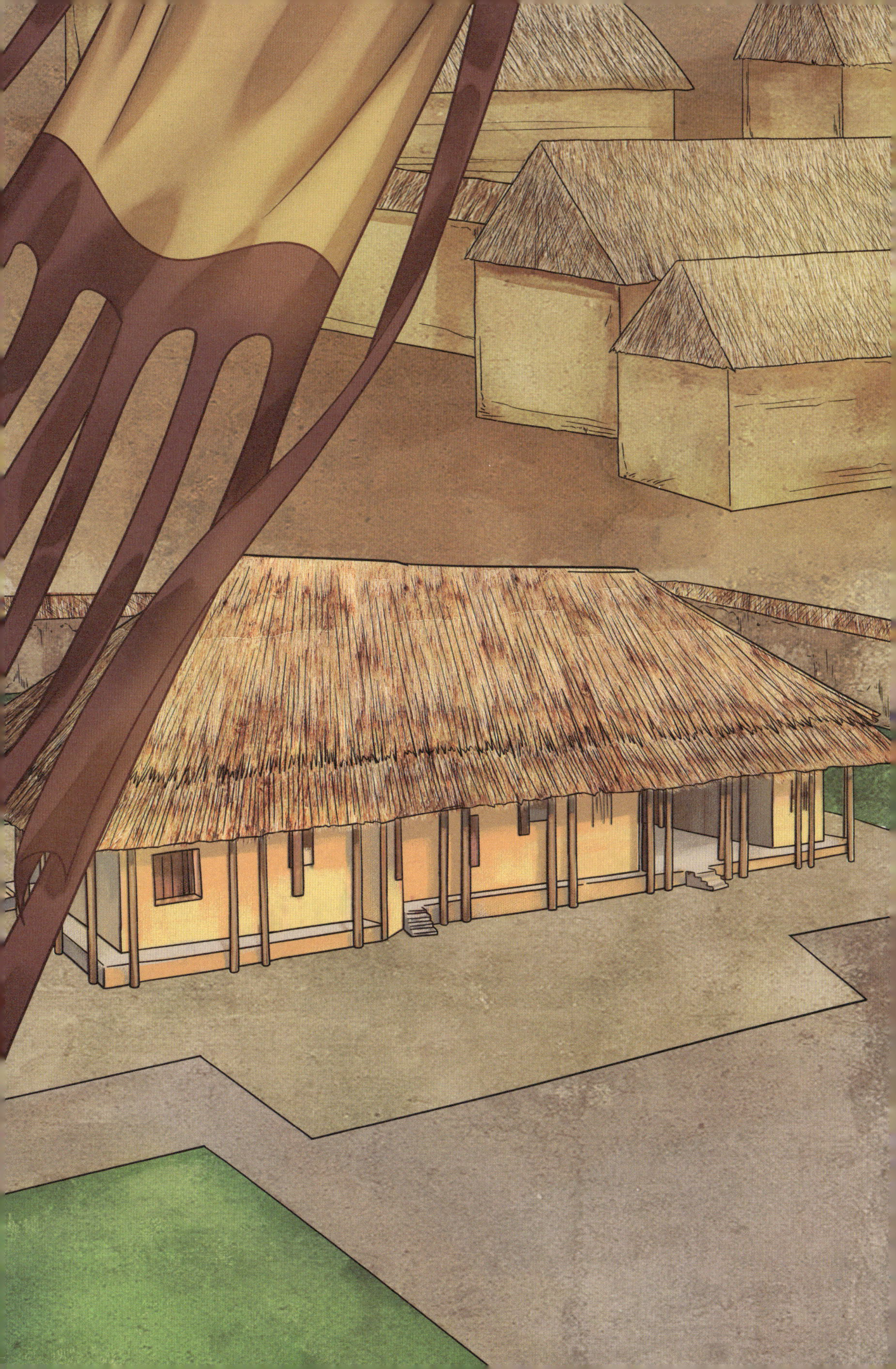

相对确切年代：夏朝从公元前2070年至公元前1600年。

小Q：我有一种很激动的感觉，这是我们文明的源头啊，不再是神话传说了。姜sir，我突然想到，华夏民族、华夏儿女的"夏"是不是就是夏朝的"夏"啊？

姜sir："华"和"夏"两个字基本可以通用，华人也就是夏人，华族也就是夏族，中华也可以叫作中夏。

小Q：姜sir，华夏儿女、炎黄子孙，虽然都很遥远，但听起来就感觉很激动。

姜sir：夏朝历史虽然很难研究，但你猜为什么后来我们还是知道了一些呢？

小Q：我知道，就算靠着记忆、靠着嘴不容易全传下来，但多少也会传下来一些的，对不对？

姜sir：对喽。商朝肯定有一些对夏朝的记录，然后传到了周朝，周就记录了一些，也就有了最早的记录。所以你想不想知道夏朝在古书里是怎么记录的啊？

小Q：太期待了，是在哪本古书里啊？

姜sir：就是在那本超级厉害的《史记》里。让我们一起感受《史记》里的夏朝是什么样的吧！我们下节见。

11 《史记》中的夏朝

各位同学,大家好,我就是那个人见人爱、花见花开、车见车爆胎的姜 sir。

大家好,我就是那个负责问问题的小 Q 同学。

姜 sir:这节要来讲讲《史记》中的夏朝。

小 Q:我一直有个问题,我知道《史记》是一本很厉害的书,但是有多厉害啊?

姜 sir:如果把中国古代所有的历史看作一栋大楼,《史记》就是一楼及这栋大楼的地基,同时上面的每一层楼都是按照《史记》的样子去建造的。

小 Q:哇,那《史记》中记录的夏朝一定很精彩吧?

姜 sir:《史记》里的《夏本纪》是我们现代人研究夏朝历史的重要参考资料。

夏朝的历史就是从大禹治水开始的。

当尧帝在位的时候，洪水泛滥，老百姓过得非常不好，尧帝就说要找个能治理洪水的人，大家都推荐鲧（gǔn）。于是尧帝就让鲧去治理洪水。可是九年时间过去了，鲧治水没有取得成效。

这时候，舜代替尧行天子的政务，看到鲧治理洪水毫无成效且消极怠工，就把他流放到羽山，结果鲧就死在那里。后来，舜又用了鲧的儿子禹，让他接替他父亲治水。很多人都知道大禹治水的故事，却不知道《史记》中对大禹这个人的介绍。小Q，你一定要牢牢地记住啊。

小Q：好的，我会用心记住的。

姜sir：禹为人聪敏机智，吃苦耐劳，遵守道德，仁爱可亲，言语可信。他的声音就是标准的音律，他的身躯就是标准的尺度，就是说他的发音很好听，身材是标准身材，同时还勤勤恳恳，庄重严肃。小Q，记住了吗？

小Q：为什么你要单独给我强调这一块儿啊？

姜sir：这些词以后用来夸我啊！

小Q：我真的不知道该怎么形容你了，你还是继续讲大禹治水吧！

姜sir：禹也是一个很贤明的人，他的一举一动都成为别人效仿的对象，为人做事最讲信义。虽然他父亲治水失败，但他并没有被困难吓倒，更没有因为父亲的事而仇恨舜。当然，他对于父亲的死感到很伤心，不过他把更多的精力放在吸取父亲的教训上面了。禹采用疏导的方法，把洪水引向大海。禹以身作则，宁可吃少点、穿差点也要把经费用在治水上面。禹为了治水跑遍了天下的名山大川，亲自和百姓们一起挖土、挑土，脚掌上全是老茧，小腿上的毫毛都被磨光了。在外面辛辛苦苦13年，几次经过家门而不进去，生怕耽误了治水的时间。就连他儿子启生下来的时候，也没顾得上回家看一眼。

禹在治理洪水的时候走遍了全国，他为了方便治理，把全国分为九个州：冀州、青州、徐州、兖（yǎn）州、扬州、荆州、豫州、梁州和雍州。他划分了各个州的地理位置，调查土壤情况和当地适合生长的作物。九州的划分对统一全国有莫大的好处，从此"九州"就成为中国的代名词。禹还凿开了九大山脉的道路，疏通了九条河流，彻底将洪水治理好了，天下重新回到太平时代。由于灾害被清除干净，舜的教化重新推向全国，禹也树立了自己的威望。舜特地赏赐他黑色的圭（guī）玉，并昭告天下洪水终于被治理好了。

小Q：就凭大禹让老百姓过上了好日子，他也应该去当帝王了。我反正会给他投票。

姜 sir：是的。禹的功劳实在太大了，所以人们称他为"大禹"，感谢他把人民从洪水中解救出来。禹不但没有骄傲，反

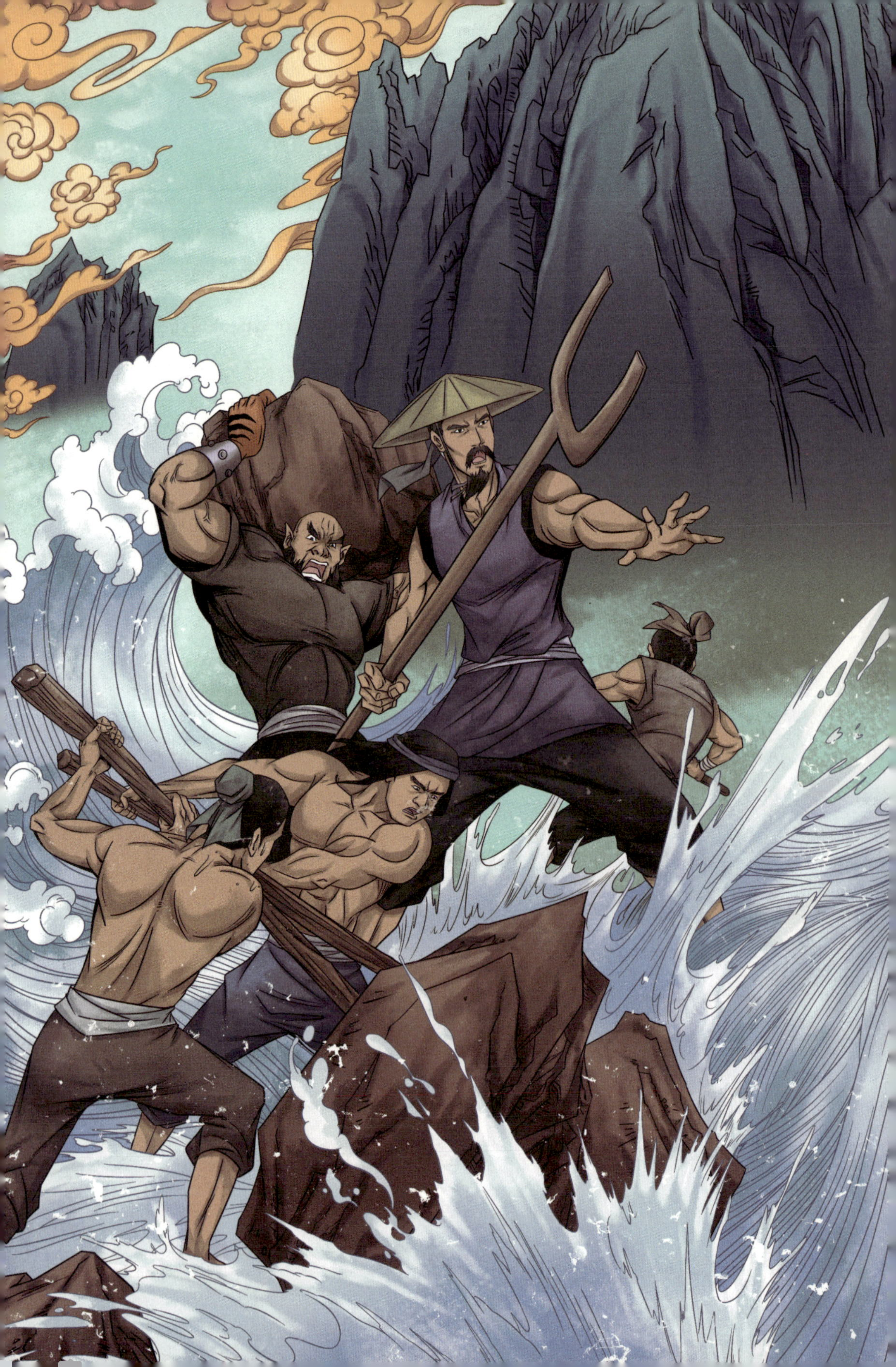

而更加谦虚谨慎，把全部精力都投入为百姓造福上。舜觉得禹的确是个贤人，而且又立了那么大的功劳，就想把王位传给他。舜有个儿子叫商均，但这个儿子和丹朱一样是个不孝之子。舜不放心把天下交给他，最后还是决定立禹为继承人。舜死后，禹辞掉了继承人之位，把天下让给了商均。但是天下诸侯和百姓纷纷背叛商均而去投奔禹，禹没有办法，只好继天子之位，定国号为"夏"。

小Q：原来夏朝是这样建立的啊。姜sir，那为什么禅让制到大禹这儿就结束了呢？是大禹把王位传给了他自己的儿子吗？

姜sir：其实大禹并没有这么做，《史记》中记载，大禹还是按照禅让制，把王位传给了一个优秀的人——皋陶（gāo yáo）。

小Q：皋陶是谁啊？

姜sir：他可厉害喽，被称为上古四圣之一。

小Q："四圣"听着好厉害的感觉。那另外三个是谁啊？

姜sir：你知道另外三个是谁，你就知道皋陶有多厉害了，另外三个是尧、舜、禹。

小Q：这么厉害！那皋陶同意接受王位了吗？

姜sir：大禹的这个王位继承啊，真是波折，皋陶还没继位就死了，大禹只能继续找，最后发现伯夷不错，就是你了。

10年后，禹在会稽山去世，禹去世前虽然把权力交给了伯夷，但伯夷辅佐禹的时间很短，功绩也不多，所以诸侯们都抛弃他跟随了禹的儿子——启，启就登上了天子宝座。至此，禅让制度被世袭制取代，历史进入了一个全新的时代。

小Q：原来是这样啊，转来转去，王位就到了自己儿子这儿了，这也算世袭制了。

姜sir：启去世后，他的儿子帝太康继位。这就是世袭制了，也叫"父传子，家天下"，就是爸爸传儿子，天下都是我们家的。但这个帝太康整天饮酒、打猎、唱歌跳舞，不管老百姓。

小Q：这不就是昏君吗？会不会有人要推翻他啊？

姜sir：确实有人推翻了他，但《史记》中没有详细的记录，只是提了一下，夏朝也没有结束，换了个帝王。接下来就是一个传一个，一直传到桀（jié）。桀到底是一个什么样的人，为什么夏朝到他手里就结束了呢？我们下节见。

12 夏桀真的那么残暴吗？

各位同学，大家好，我就是那个人见人爱、花见花开、车见车爆胎的姜 sir。

大家好，我就是那个负责问问题的小 Q 同学。

姜 sir：从夏朝开始，前前后后建立过许多个朝代，有过许多皇帝，每个皇帝管理国家的方式都不太一样，他们的性格脾气也各有特点，但他们管理的朝代都有着同样的结局，那就是走向灭亡。

小 Q：姜 sir，为什么所有的朝代最后都走向灭亡了呢？

姜 sir：每个朝代有每个朝代的原因，但基本上都是最后的皇帝特别差，最后那批官员大臣也不好，比如你看夏朝的夏桀就是这样的。小 Q，一个人脾气不好，你会用什么词来形容他？

小Q：我会说这个人很凶。

姜sir：夏桀不仅仅是凶，甚至应该说是残暴，把老百姓都不当人看，他把一些猛兽，就像老虎啊、熊啊，放进了集市里。

小Q：他是要去卖这些猛兽吗？

姜sir：他是吓唬老百姓，为了看老百姓害怕的样子。

小Q：他不怕老百姓推翻他吗？

姜sir：夏桀不在乎的，他说："除非天上的太阳灭亡，自己的国家才会灭亡。我和太阳是一起的。"

小Q：我听着都生气。真可恨！

姜sir：有一个成语叫"时日曷丧（hé sàng）"，说的就是这个事。老百姓这样说道："即使你是天上的太阳，我也希望你掉下来，就算太阳掉下来，我们活不了了，我们也愿意与你同归于尽。"

小Q：姜sir，夏桀是不是做了好多坏事，老百姓才会这么恨他啊？

姜sir：他不管老百姓过得如何，反正自己要过得好。建宫殿，越豪华越好，里面摆满了美食、美酒，吃不完剩下的就扔了。

小Q：那没有大臣去给他提意见，告诉他不能这么做吗？

姜sir：你说的这种好大臣都被杀了，反而那些出坏主意的大臣都受到了重用。还有一些部落的首领被夏桀关了起来，

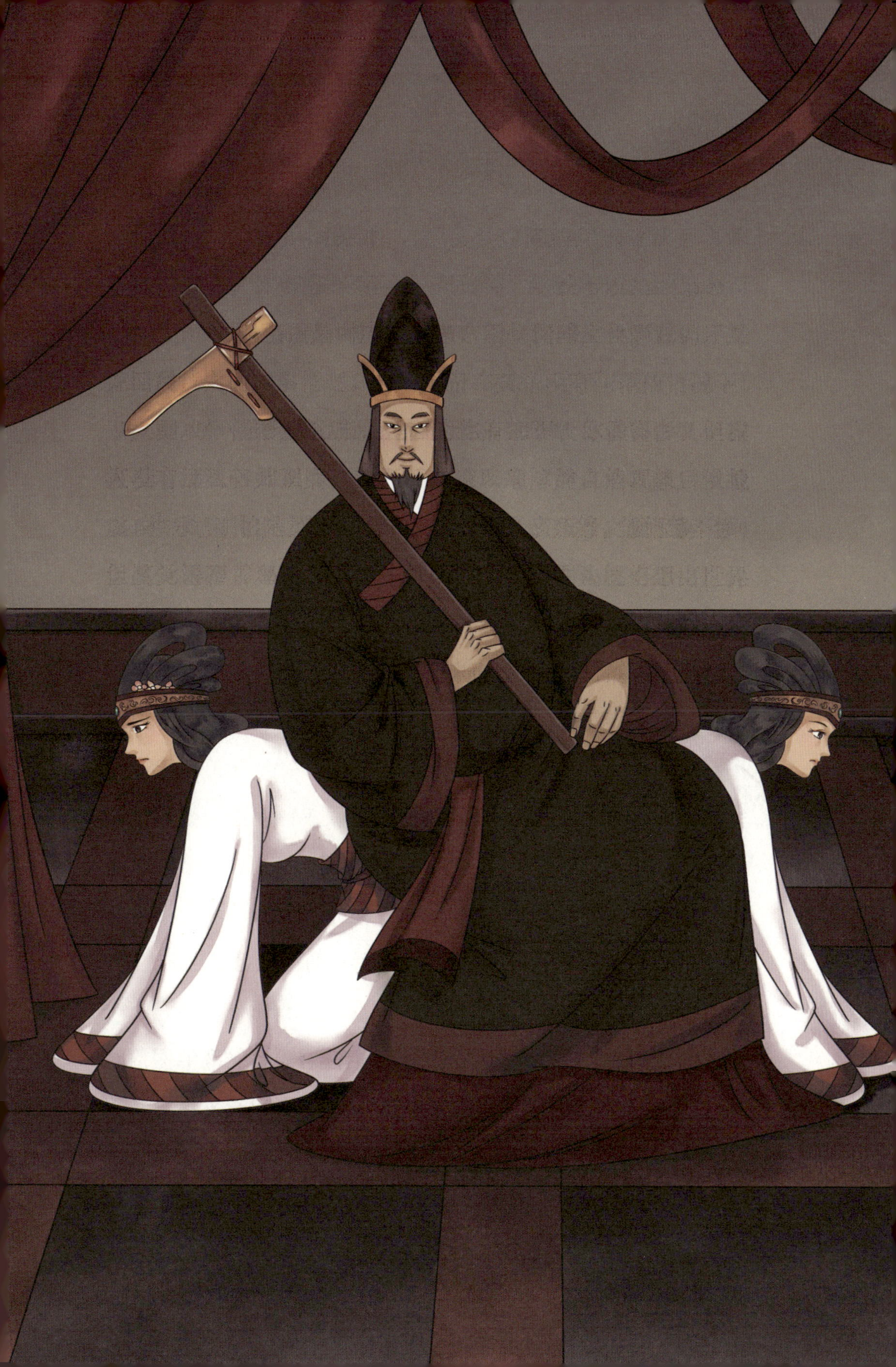

比如殷商部落的商汤。

小Q：天啊，要是我在夏朝，也想推翻他。

姜sir：不仅是你，当时各地的百姓也准备造反了。在夏桀整天饮酒作乐的时候，本来被夏桀囚禁的商汤被放了出来，他联合了很多部族，先南下歼灭了仍忠于夏的部族，然后直逼夏都。看准了时机的商汤吹响了彻底灭夏的号角。惊慌失措的夏桀匆忙应战，双方展开激烈对决。战斗一开始，夏朝士兵就分成两个阵营，一方逃跑，一方投降。

小Q：哈哈哈，一半逃跑了，一半投降了，哪儿还有人替夏桀打仗啊？

姜sir：至此，开世袭制先河的夏朝灭亡，共历471年。商汤灭掉了夏，建立了商朝。

小Q：好啊好啊，夏桀被灭掉了。

姜sir：夏桀这个人肯定是有很多很多问题的，要不然夏朝也不至于被推翻，但历史的趣味就在于研究，比如夏桀……

小Q：姜sir，夏桀这种大坏蛋，还有什么值得研究的啊？

姜sir：历史上昏君有很多，夏桀和商纣王是最出名的。

小Q：我听过商纣王，是商朝最后一个皇帝。

姜sir：但当我们仔细对比这两个昏君后，发现他们简直是一模一样的。一样的力气特别大，一样的残暴，连生活方式都完全一样，瑶台夜宫，酒池肉林。连他们赶走大臣、囚禁大臣的方式都一样，不知道的还以为他俩是同一个人。你说巧不巧？

小Q：也许坏人做事的方式就是一样。

姜sir：肯定不排除巧合，但我们试着分析一下，首先历史都是谁写的？

小Q：历史都是人写的啊，这个问题好简单啊。

姜sir：我当然知道了。我的意思是什么人写的，你觉得是自己写的还是后人写的？

小Q：应该是后人总结吧。

姜sir：这就叫后世写前朝事，但不全靠后人写。还有前人的记录，"古之人君，左史记事，右史记言，所以防过失，而示后王"。所以后人在写前人历史的时候，会不会将一些自己的看法加进去呢？

小Q：我觉得多少会加点儿，一点儿不加不太可能，比如你死了，我给你写历史，也会写上你爱自己夸自己。

姜sir：你这个"熊孩子"，这么不给我面子呢？《论语》里有这样一句，子贡曰："纣之不善，不如是之甚也。是以君子恶居下流，天下之恶皆归焉。"意思就是纣王的昏庸不见得像书上说的那样，是后世的君子讨厌他的所作所为强加给他的。

小Q：是不是说，夏桀、商纣王是很坏，但可能没有史书上写得那么坏?

姜 sir：给你一组数据，商纣王在《尚书》里是六条缺点，战国时期又增加了二十七条，西汉文人又加了二十三条，东汉增加一条，东晋增加了十三条。

小 Q：哦，我明白了，就好像我讨厌一个人，我就会看他哪儿都不顺眼，恨不得把天下所有的缺点都写给他。

姜 sir：我想说的是，夏桀确实很坏，但不一定像我们说的那么坏。

小 Q：姜 sir，在夏桀的身上，我明白了人一定要做个好人，当了坏人容易遗臭万年，都没有解释的机会。

姜 sir：夏朝就这样结束了，在商朝推翻夏朝的过程中，又会发生什么呢？我们下节见。

13　推翻前朝的标准模板

各位同学，大家好，我就是那个人见人爱、花见花开、车见车爆胎的姜 sir。

大家好，我就是那个负责问问题的小 Q 同学。

姜 sir：上节我们讲到由于夏桀的残暴，夏朝被推翻了，推翻夏朝的就是商朝的建立者商汤。小 Q，你听说过李白吗？

小 Q：李白谁不知道啊！唐朝大诗人。问题是，咱们要讲的是商朝，怎么说起唐朝的李白了呢？

姜 sir：我是想从李白的作品中说商朝，李白的《行路难》中提到"闲来垂钓碧溪上，忽复乘舟梦日边"。"乘舟梦日边"就是说一个人做梦，梦见自己乘船从日月旁边经过，不久就被商汤重用了。这个人就是帮助商灭夏的伊尹。小 Q，你觉得推翻一个 400 多年的王朝容易吗？

小Q：我觉得很难，毕竟400多年了，大家都习惯了。现在突然要换朝代了，可能心里还不太能接受。

姜sir：所以，要推翻一个朝代，你得这么做：

第一步，包装自己，让自己变得与众不同，让所有人觉得你就是可以当帝王的。

小Q：姜sir，是不是我们之前说的，把自己的出生说得厉害一些啊？

姜sir：小Q已经这么厉害了！这叫什么？看出身！要想成大事，必须夸大自己的出身，积极地和三皇五帝攀亲戚。

小Q：那商汤是怎么说的啊，我还真好奇了。

姜sir：商汤没有说自己出身很奇特，他只说他的祖先出身不一般。说他祖先的妈妈是帝喾的妃子。你看，和三皇五帝有关系了吧。有一天祖先的妈妈走到河边，这时天上飞来一只神鸟，掉下一个蛋，祖先的妈妈把蛋捡起来吞进肚里，然后肚子里就有孩子了，生了祖先。所以啊，商汤的祖先就不是普通人。那商汤作为他的后代，当帝王是不是很应该呢？

小Q：听起来好像是有点道理。

姜sir：光有第一步还不够，你天天包装自己，但你凭什么造反啊，你得有理由啊。

小Q：夏桀都那么坏了，我推翻他，帮老百姓过上好日子，不应该吗？

姜 sir：小 Q 啊小 Q，你又说对了第二步，这叫"替天行道"，并且是救人民于水火之中。那怎么让老百姓知道呢？发个朋友圈行不行？

小 Q：怎么可能，那时候哪有微信啊？

姜 sir：那你说在没有扩音器，也没有网络的情况下，怎么让大家知道呢？

小 Q：这太难了，总不能当着大家面念出来吧？

姜 sir：就是当着大家面念出来，这叫檄（xí）文。指声讨敌人的文书。就是告诉你，你哪儿做得不对，我要打你了。小 Q，你觉得这种檄文是不是得特别有气势的那种？

小 Q：必须的，我觉得最好让对方听了直接投降。

姜 sir：这就是"震雷始于曜电，出师先乎威声"。雷鸣是从耀眼的闪电开始的，而出师先要张扬声势。

小 Q：姜 sir，我一下子懂了，就是我要打雷了，我得先给你个闪电，吓唬你一下。

姜 sir：小 Q 的理解很独特哟！如果让你写，你都会写什么？

小 Q：我会写这个人有多坏，我有多么正义。

姜 sir：这个得写。

小 Q：我还会写，我一定会胜利的。

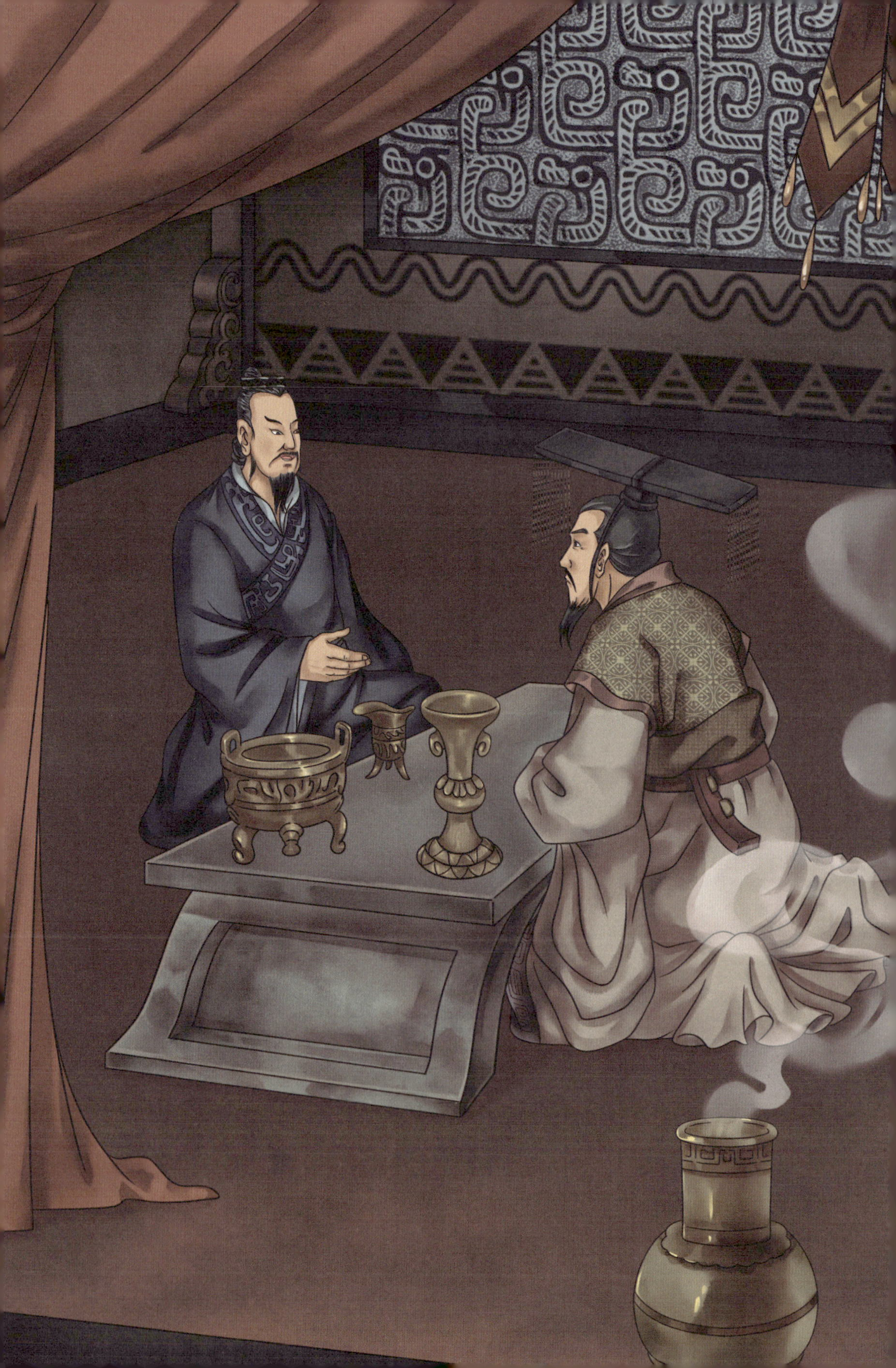

姜 sir：对了，大家都会跟自己的士兵强调我们是必胜的，同时还会强调军队纪律。

小 Q：我觉得差不多了。

姜 sir：小 Q 已经很棒了，有的檄文还要加上一点，告诉对方的士兵，投降会有好处的。

小 Q：对对对对，最好直接投降。

姜 sir：那就让我们一同感受一下《汤誓》吧！也就是几千年前商汤发布的军事法令。

"来吧！众位都听我说。不是我想造反！是因为夏国犯下许多罪行，上天命令我去讨伐它。现在你们会说：'我们的君王不可怜我们，荒废我们的农事，我们还要种田呢，为什么要征伐夏国呢？'我虽然理解你们的话，但是夏朝有罪，上天让我去征伐它，我不敢不去啊。现在你们会问：'夏到底犯了什么错啊？'夏王耗尽民力，剥削人民。民众说：'这个太阳什么时候消失呢？我们愿意同你一起灭亡。'夏的品德这样坏，我一定要去讨伐它。你们要辅佐我，实行上天对夏的惩罚，我将重重地赏赐你们！你们不要不相信我，我不会说假话。如果你们不遵守誓言，我就会把你们降成奴隶，或者杀死你们。"

小 Q：如果我在现场，也会奋勇杀敌的。

姜 sir：商汤正式建立了商王朝，从此，在我国五千年文明史中占据重要地位的商朝诞生了。而帮助商汤建国的伊尹这个时候要做一道菜，这道菜有什么用呢？我们下节见。

第 3 章

兴衰更替的商朝

14 做饭和治国是一样的

各位同学，大家好，我就是那个人见人爱、花见花开、车见车爆胎的姜 sir。

大家好，我就是那个负责问问题的小 Q 同学。

姜 sir：商朝建立后，商汤让伊尹管理整个商朝。此时的天下刚刚从战争中恢复过来。小 Q，你觉得这个时候要把一个国家恢复过来，还要治理好，容易吗？

小 Q：我深有体会啊，我从生病到恢复健康，还需要爸爸妈妈费心地照顾我呢。更何况一个国家呢！

姜 sir：伊尹就用做饭的方式来治理国家。

小 Q：啊？用做饭的方式，开玩笑吧？

姜 sir：伊尹自幼聪明过人，表现出极强的学习天赋，经常一边炒菜一边学习，实现了做饭技术和治理国家的完美结合。连后世的老子都借鉴了他的思想,在《道德经》中写道:"治大国若烹小鲜。"意思就是治理大国就像烹调美味的小菜一样。

小Q:我倒是经常看妈妈做饭,但没想到做饭和治国有什么关系啊?

姜sir:这里还有个小故事,伊尹本身很有才华,已经知道怎么治国了,但需要有人重视他。可他只是个厨师,小Q,你有没有什么办法让商汤关注到你?

小Q:我会把饭做得很好吃,这样他就能关注到我了。

姜sir:伊尹和你正好相反,他故意把饭做得难吃,所以商汤吃的饭不是咸得要命,就是淡得一点味道都没有。商汤很生气,说道:"把厨师给我叫过来,我要问问他会不会做饭。"于是,伊尹得到了面见商汤的机会,就说:"我当然知道做饭不能太淡,也不能太咸,只有咸淡合适、五味调和,吃起来才有味道。这几天我是有意借此提醒您,治国与做菜的道理是一样的。"小Q,做饭要不要讲究火大火小啊?

小Q:这个我还真知道,妈妈有时候炒菜就用大火,有时候炖菜就用小火。

姜sir:所以你想,做饭要调火候,治国是不是也一样,不能操之过急?我能不能想实施一个政策,立刻要求全国三天内就要执行完毕,是不是要根据事情的大小来调整火候呢?

小Q：有道理，有道理。这个火大火小还真得好好想想，火大了容易煳，火太小了又不熟。

姜sir：做饭要放油盐酱醋吧，你觉得这个和治国有没有关系啊？

小Q：这个我更懂了，不同的口味放不同的调料，放多少也有不同的搭配，有麻辣的、酸甜的、咸香的、甜辣的、咸辣的，各种口味。

姜sir：把握调味品投放的时机、方法和用量都是很微妙的，要用心掌握。治国也是一样，把什么样的人派到什么样的地方，什么性格的人适合在一起工作，这都是要仔细考虑的。同时，做饭的时候是不是得盯着锅啊？

小Q：妈妈经常让我看着锅，别煳了。

姜sir：这叫仔细观察"鼎中之变"，这样才能随时掌控全局。当时伊尹给商汤讲完了这些道理后，商汤恍然大悟，仿佛明白应该怎么治理国家了。

小Q：别说他了，我都有启发了，虽然我还小，不可能治国，但如果让我竞选班长，我知道该怎么说了。

姜sir：其实就是一种调和精神，调和各方面，能做到极致就是最棒的。小Q，你听过孔子吗？

小Q：当然听过了，是不是又和伊尹有关啊？难道孔子也爱做饭？

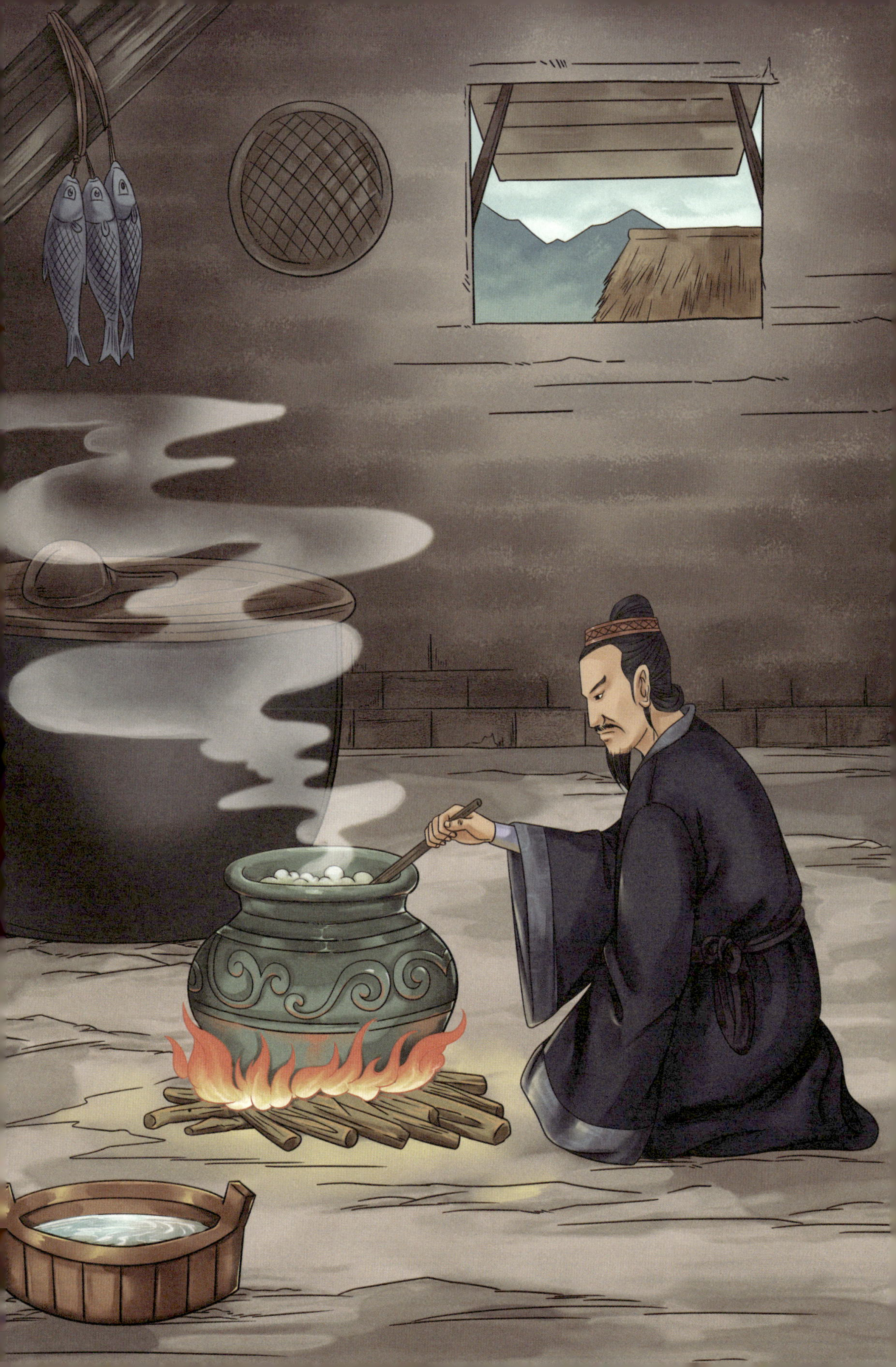

姜 sir：孔子这么厉害的人，对伊尹的评价是："大贤唯有伊尹。"意思是特别有才华、品德高尚的人只有伊尹。

小 Q：哇，能被孔子这么评价，看来伊尹是真的很厉害啊！

姜 sir：是的，在《史记》中，关于伊尹的记载比绝大多数商朝的帝王还多，可见他在商朝的重要性，他还被称为古代帝师之首。

小 Q：帝师就是帝王的老师吧，能给帝王当老师的人一般都很厉害。那他为什么是第一名呢？

姜 sir：据史料记载，伊尹前后五代辅政，当了五代帝师。从第一代到第五代帝王，全是伊尹教出来的。这得多厉害啊！

小 Q：姜 sir，我发现，一个帝王要想治理好国家，光靠自己不行，还得有好大臣在一旁辅佐，这太重要了。

姜 sir：伊尹辅佐商朝走向了辉煌，但也并不是一帆风顺，其中又遇到了哪些挫折呢？我们下节见。

15 帝王被关小黑屋

各位同学,大家好,我就是那个人见人爱、花见花开、车见车爆胎的姜 sir。

大家好,我就是那个负责问问题的小 Q 同学。

姜 sir: 上节我们讲到了厉害的伊尹,在他的辅佐下,商朝百姓安居乐业,生活过得很是舒服。时间过得飞快,商汤年纪越来越大了,这时候的商朝应该做一件什么事呢?

小 Q: 选继承人,确定下一个帝王,毕竟国家不能没有帝王。

姜 sir: 这就叫"天不可一日无日,国不可一日无君"。可谁也没想到,继承人选好后,还没等继位却死了。

小 Q: 这么惨,是谁这么倒霉啊?

姜 sir: 这个人叫太丁,是商汤的儿子。《史记》里记录他尚未成为王就去世了，不过有些人仍然把他列为商朝的君主之一。

小Q：那他有没有兄弟或者儿子啊，王位给谁啊？

姜sir：别说你着急，伊尹也着急，所以在商汤去世后，就传给了商汤的二儿子。

小Q：没想到帝王家也会有这种突发事件，这下好了，有人继承了。

姜sir：但是这二儿子当上帝王三年，就病死了。

小Q：太不幸了，得赶紧找下一个帝王啊。

姜sir：还真找到了。但新继位的帝王四年后也去世了。

小Q：啊？这是着了什么魔咒吗？怎么谁继承王位谁就去世啊？

姜sir：这个时候的王位就传到了商汤的孙子手中了，这个人叫太甲。

小Q：我现在就关心他继承王位后活了多长时间，不会又是几年吧？

姜sir：这个放心。有两个版本，有说12年的，有说23年的。

小Q：不管哪个版本，总算时间长了点儿。

姜sir：但最让伊尹操心的就是他了，商朝刚建立不久，接连去世了几个帝王，国家开始出现危机。伊尹把治国的责任扛在自己肩上，一心辅佐年幼的太甲振兴商朝。但太甲这时候年纪不大，却是叛逆心理严重，就不愿意听伊尹的话，又突然当了帝王，权力这么大，觉得谁都不用怕了，想干什么就干什么。伊尹多次耐心地劝他，讲道理，太甲就是不听。

小Q：我感觉商朝要结束了，这太甲怎么有点夏桀的感觉啊？

姜sir：伊尹一看，这太甲是要毁掉商朝了。上节我们说到了做饭和治国一样。你觉得这时候伊尹会用大火猛火解决这事，还是小火慢慢来？

小Q：当然是大火了，再慢下去，国家就没了。

姜sir：接下来，这个太甲就被关进了小黑屋，就是伊尹给他建了个宫殿，让他在里面待三年，国家伊尹替他管。

小Q：姜sir，这不是造反吗？其他大臣不反对吗？

姜sir：伊尹如此做并不是为了自己成为君王，而是为了太甲能够改过自新，为了商朝可以稳固兴盛，所以他执政时没人反对，三年后他把自己手中的大权交还给了太甲。

小Q：那太甲三年后回来不会报复他吗？

姜sir：这三年，伊尹专门为太甲准备了书籍、课程。相当于这三年让太甲在宫殿里静下心来学习，也顺利度过了叛逆期。三年后，太甲果然变了一个人，从此百姓安居乐业。最后故事的结果，也可以说完全达到了伊尹的目的。因此，

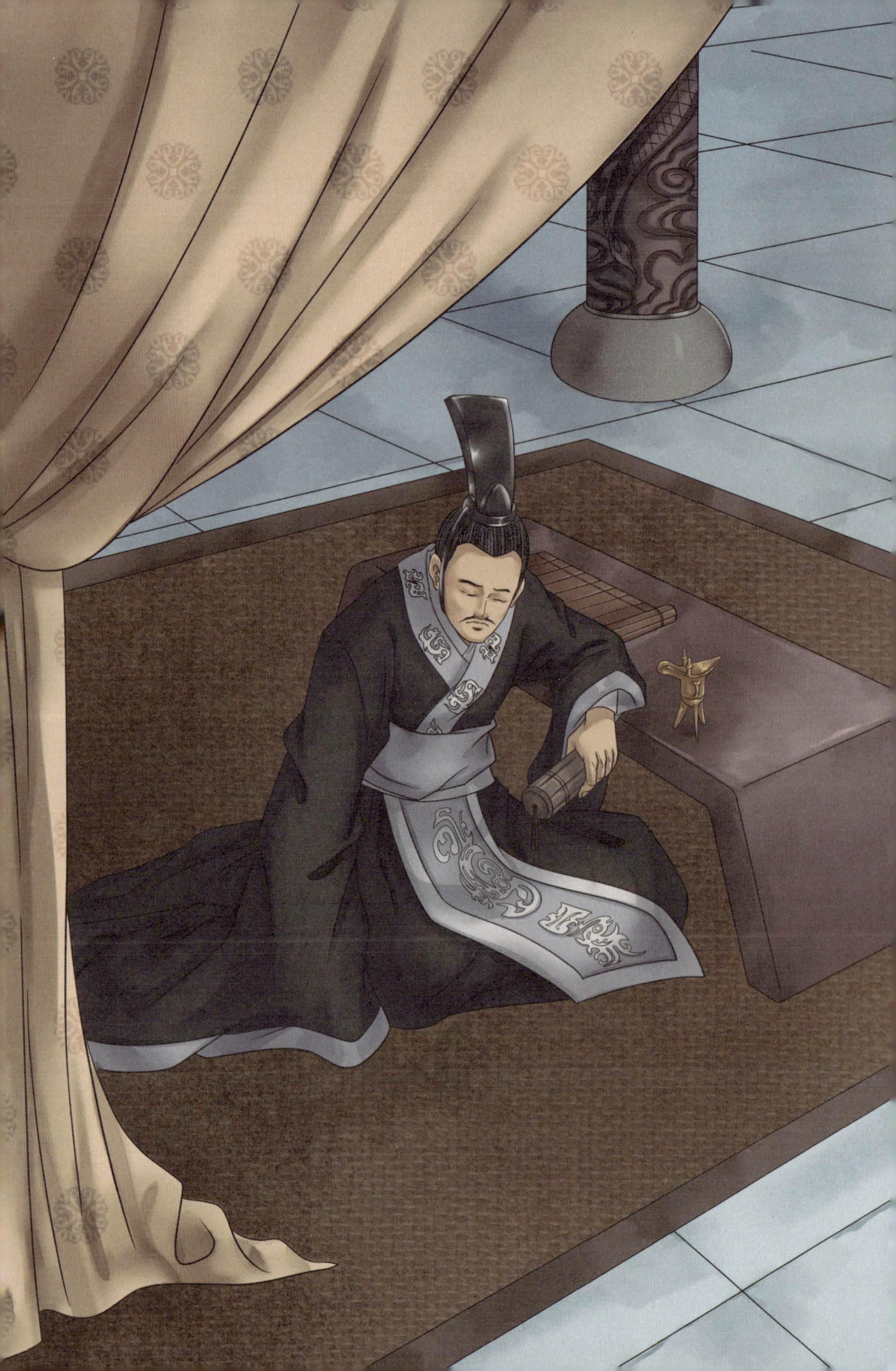

伊尹被后世广为称赞，被称为一代贤相，受人尊敬。

小Q：我觉得伊尹不仅有智慧，胆子也大，竟然敢把帝王给关起来。万一几年后，太甲怀恨在心，报仇可怎么办啊？

姜sir：你说的这个，还真有这个版本。

小Q：天啊，这是什么版本啊？

姜sir：这个版本来自一本叫《竹书纪年》的书，这本书是有人在古人的墓里挖出来的。

小Q：姜sir，这算不算书籍加古迹，两个证据啊？

姜sir：先不说这书的真实程度，其实挖出来的这本书已经丢了，又经过后人的修改，一共有两个版本。

小Q：也就是说古书丢了，后人又修改成了两个版本。为什么是两个版本啊，有什么区别吗？

姜sir：这两个版本，一个可信，一个不可信。不可信的叫《今本竹书纪年》，可信的叫《古本竹书纪年辑证》。

小Q：那我说的那个太甲杀伊尹一定来源于不可信的版本，对吧？

姜sir：不是，是来自可信的版本，同时这本书的作者是著名历史学者王国维。首先，王国维写的是伊尹脱离昏君太甲自立，并不是自己要当帝王。其次，太甲杀伊尹，在这本书里明明确确地写着……

小Q：啊？天啊，我不能接受啊！

姜 sir：你等我把话说完啊。太甲杀伊尹，在这本书里明明确确地写着，这个故事经过认定，完完全全是后世加进去的。

小 Q：太好了，太好了，伊尹还是我心目中最棒的人。

姜 sir：商朝还会继续发展，历史还会继续进行，可这个时候的商朝要搬家了，这又是为什么呢？我们下节见。

16 搬家

各位同学，大家好，我就是那个人见人爱、花见花开、车见车爆胎的姜 sir。

大家好，我就是那个负责问问题的小 Q 同学。

姜 sir：小 Q，你觉得这世界上有没有一直强盛且永远不会衰落的国家呢？

小 Q：我觉得不可能有。

姜 sir：经过两百多年，商朝是一代不如一代。帝王昏庸无能，国家也大不如前，这混乱的局面延续了九个王，史称"九世之乱"。

小 Q：九个帝王，这得乱了多长时间啊？

姜 sir：持续了一百多年啊，大乱之后的商朝，那些贵族、官员依旧过着自己的好日子。百姓却在水深火热之中煎熬着，

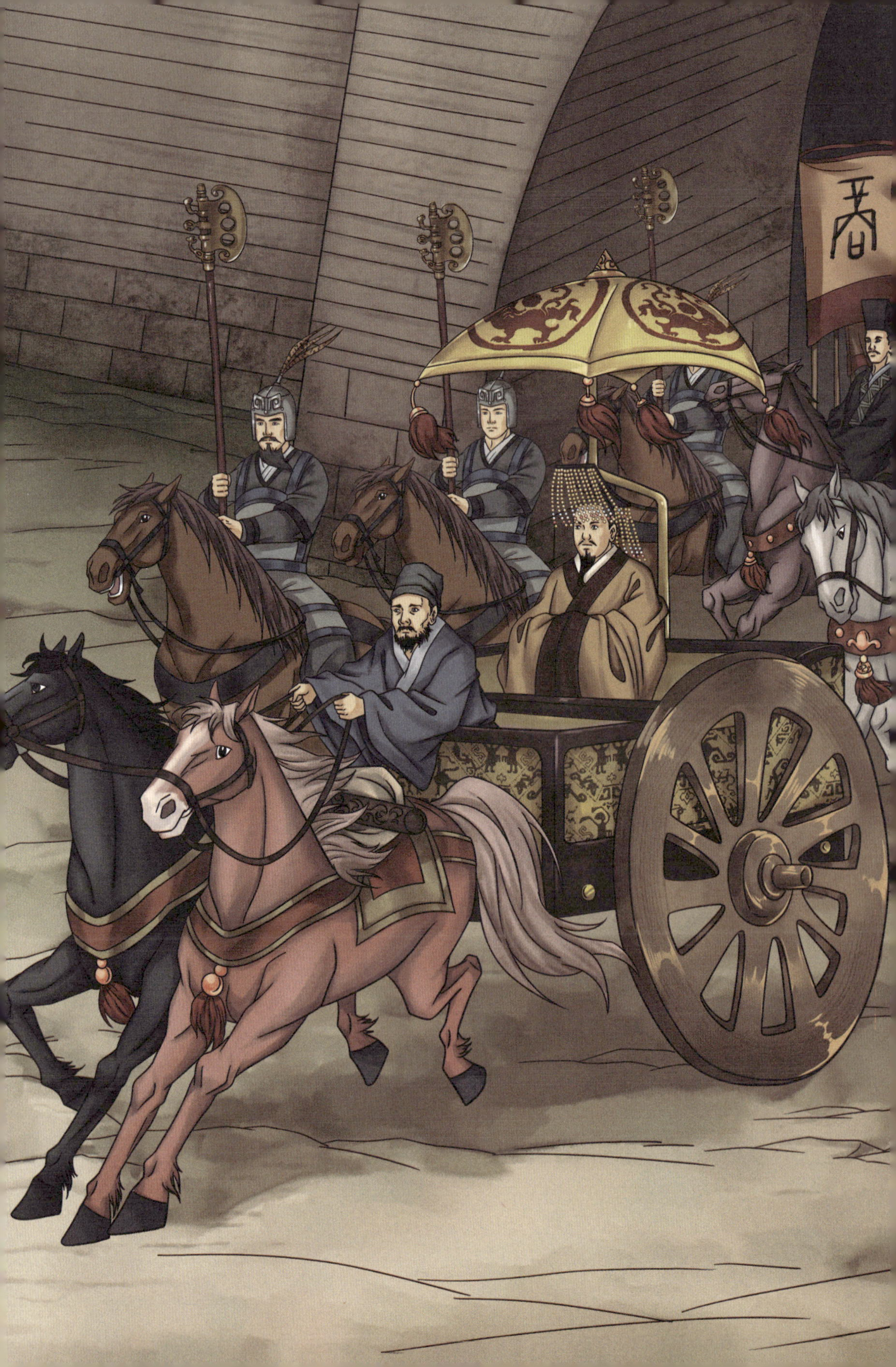

整个国家就快灭亡了。就在这个时候,一个重要的帝王出现了。

小Q: 就像电视里面英雄骑着骏马出现一样。

姜sir: 这个勇敢的帝王就是盘庚(gēng)。但眼前这个烂摊子,不好治理啊,盘庚思来想去考虑了很久,决定搬家。

小Q: 难道他是要放弃他的国家了?

姜sir: 不不不,那不成了逃兵吗?他是要迁都,就是把首都换个地方。

小Q: 为什么要换首都啊?所有人都跟着过去吗?这有什么用啊?

姜sir: 迁都到殷,也就是今天的河南安阳一带,盘庚主要考虑了四个方面。第一,殷现在荒芜,没什么人。

小Q: 我不明白,人家搬家都往热闹的地方去,他怎么往荒凉的地方去啊?

姜sir: 这就是第二方面原因了。那里是荒凉,但土地肥沃,有山有水,有鱼有虾。这种地方适合带领大家种田,养蚕织布,打猎放牧,美好的生活不就来了吗?如果不搬家,还在原来的都城,想让那些当官的或者贵族把手里的一些土地分出来给老百姓,你觉得容易实现吗?

小Q: 容易啊,直接下命令,必须给,不给就处罚他们。

姜sir: 你又忘了治国像做饭的事情了啊,这个火太猛了,大家集体都不执行,国家容易动乱啊。

小Q：我明白了，搬家后我可以重新分，到了新的地方，都得听我的。

姜sir：如果你是一个君主，你会让你的首都在国家的中间还是边上？

小Q：当然是在中间了，在边上的话有战争时，不就打到我的首都了吗？

姜sir：所以新搬的这个地方就是国家的中心，也方便国家的管理。对了，小Q，你知道我们的母亲河是哪条河吗？

小Q：黄河。

姜sir：我们中华文明就是诞生于黄河边上，但你知道黄河最让人害怕的地方是什么吗？

小Q：应该是洪水吧。我记得我们去开封旅游的时候，你讲过开封很多地方都被黄河的洪水淹没过。

姜sir：所以，选择新的都城位于黄河中游，洪水影响不大。

小Q：哇，没想到把都城搬走，能起到这么多作用，那赶紧搬吧！

姜sir：说着容易，但执行起来困难重重啊。盘庚召集贵族们商议，给他们讲了迁都的各种好处。当然了，肯定不会告诉这群人真实的目的，但盘庚刚把迁都的意思提出来，就遭到了贵族们一致反对。贵族们已经过惯了现在的生活，现在要到一个新的地方从头来过，谁也不答应。

小 Q：那他们不去，我们可以把老百姓带走，你们留下来吧，没有老百姓，你还吃啥喝啥？

姜 sir：可没想到老百姓也反对，毕竟迁都是项大工程。那个时候又没有汽车、火车，很多人都是走过去的。百姓知道有多苦，更何况离开家乡了，房子什么的就没了。

小 Q：想想也觉得有道理，让大家都同意，这事不好办。

姜 sir：小火不能办，那就大火。最后盘庚发火了，出了个告示，大概意思是不管你们愿不愿意，我就是要迁都！谁敢不去别怪我不客气！大家一看，反对也没用了，也就都跟着迁都了。

小 Q：哈哈哈哈，我突然想到了我妈妈，有时候我各种反对，我妈大吼一声，我就没意见了。

姜 sir：但新的问题又出现了，来到新的都城后，上至贵族，下至平民，非常不习惯这里的新生活。一些贵族开始鼓动平民去闹，我们要回家，我们在这里不舒服。无奈之下，盘庚又开了次会。

小 Q：这时候还是靠大吼一声吗，大家心里容易接受不了吧？

姜 sir：聪明的盘庚说了，搬家不是我想的，是老天的意思，你们现在这么胡闹，老天生气了，到时候老天让你们没有饭吃，我可管不了。

小Q：神话又起作用了。

姜sir：吓唬完了，盘庚继续安抚大家："我是要带着你们过好日子的，现在生活条件是艰苦了一点，但是我担保以后会慢慢好起来，而且会越来越好，你们把心放肚子里，跟着我好好干吧。"这就叫恩威并施！指恩惠和威严同时使用，也叫打一巴掌给个甜枣。所以大家没了脾气，安心待了下来。

小Q：这种方法比直接去吵架管用多了。

姜sir：还别说，殷这个地方真是商朝的福地，迁都之后百姓的日子越过越红火，商的国力也一年比一年强，商朝又焕发了新的生机与活力，华夏文明的重要组成部分——殷商文化就开始于这里。后来的商朝竟然出现了一个三年不说话的帝王，到底发生了什么？我们下节见。

17　三年不说话的君王

各位同学,大家好,我就是那个人见人爱、花见花开、车见车爆胎的姜 sir。

大家好,我就是那个负责问问题的小 Q 同学。

姜 sir：上节说到自从盘庚迁都后,商朝逐渐转危为安,盘庚之后,王位是一个传一个,直到出现了一个叫武丁的帝王。可他当帝王之后什么都不管,什么都不干,一切都让大臣们自己处理,整个一甩手掌柜。

小 Q：那大臣们没有意见吗?

姜 sir：当然有了,可问题是武丁三年没有说过一句话。

小 Q：啊?他是哑巴吗?

姜 sir：他不是哑巴,但每天上朝只听大臣们的议论,自己却一句话也不说。

小Q：那大家就没怀疑过他有什么问题吗？不找个医生检查一下吗？

姜sir：大家都以为武丁是因为守丧三年，可能不愿意说话。

小Q：什么叫守丧三年啊？

姜sir：守丧三年是一种风俗，是指父母去世，子女三年内娱乐和交际活动都要停止，用来表达对父母的哀思。

小Q：那武丁是因为这个原因吗？

姜sir：其实不是，武丁有他自己的打算，他是在默默地考虑如何治理国家的策略。因为武丁刚继位的时候，那些王公大臣就都试图让武丁按照他们的办法去治理国家，想控制武丁。一上朝，还没等武丁说话，这群大臣就七嘴八舌地出主意，提建议。各种的"我认为应该这么做""我认为应该那么做"，武丁听了个遍，没一个好主意。所有的建议全是在考虑自己那点儿私事，根本不考虑老百姓和国家。

小Q：那他就直接反对呗，毕竟他是帝王。

姜sir：武丁也想，可自己刚刚上位，而这些人又都掌握着国家的各种权力。一旦双方关系闹僵了，不利于自己的统治。

小Q：哦，所以武丁就不说话，不说行，也不说不行。

姜sir：武丁就是不管你们提什么意见，我就是不说话，不说话就不代表我同意你们这么做。又不得罪人，又没同意。

小Q：但他也不能一直这样啊。他是不是想到了什么好主意啊？

姜sir：如果你身边有一个人三年不说话，突然说话了，你是不是也很好奇他说了什么？

小Q：当然了，太好奇了，三年间第一次说话啊，放到现在都得上新闻头条。

姜sir：这就是武丁的一种策略。三年不说话，一定会在全国产生一种悬念，成为全国关心的热点。一旦说话了，就会造成轰动，由此，大家对他说的话会非常重视。

小Q：连我都特别好奇他三年后说的第一句话是什么了。

姜sir：有一天，武丁突然召集大臣们开会，说有事要宣布。等到大伙儿着急忙慌地赶来，武丁说："先帝商汤给我托了一个梦，说是大商兴盛的时候到了！他要派一位贤臣来辅佐我，为我们大商王朝做宰相！这人长什么样子，我还记得，已经把他画下来了，你们帮我找一找。"

小Q：啥？三年了，大家就等来个寻人启事啊？

姜sir：帝王交代下来的事，也不能不执行啊，找呗。这下全国都传开了："说话啦，说话啦。""说什么啦？""找人啊。""找谁啊？""画里的那个人啊。"

小Q：能找到吗？这不是开玩笑吗？

姜sir：还别说，最后居然真在偏远地区找到一个奴隶，

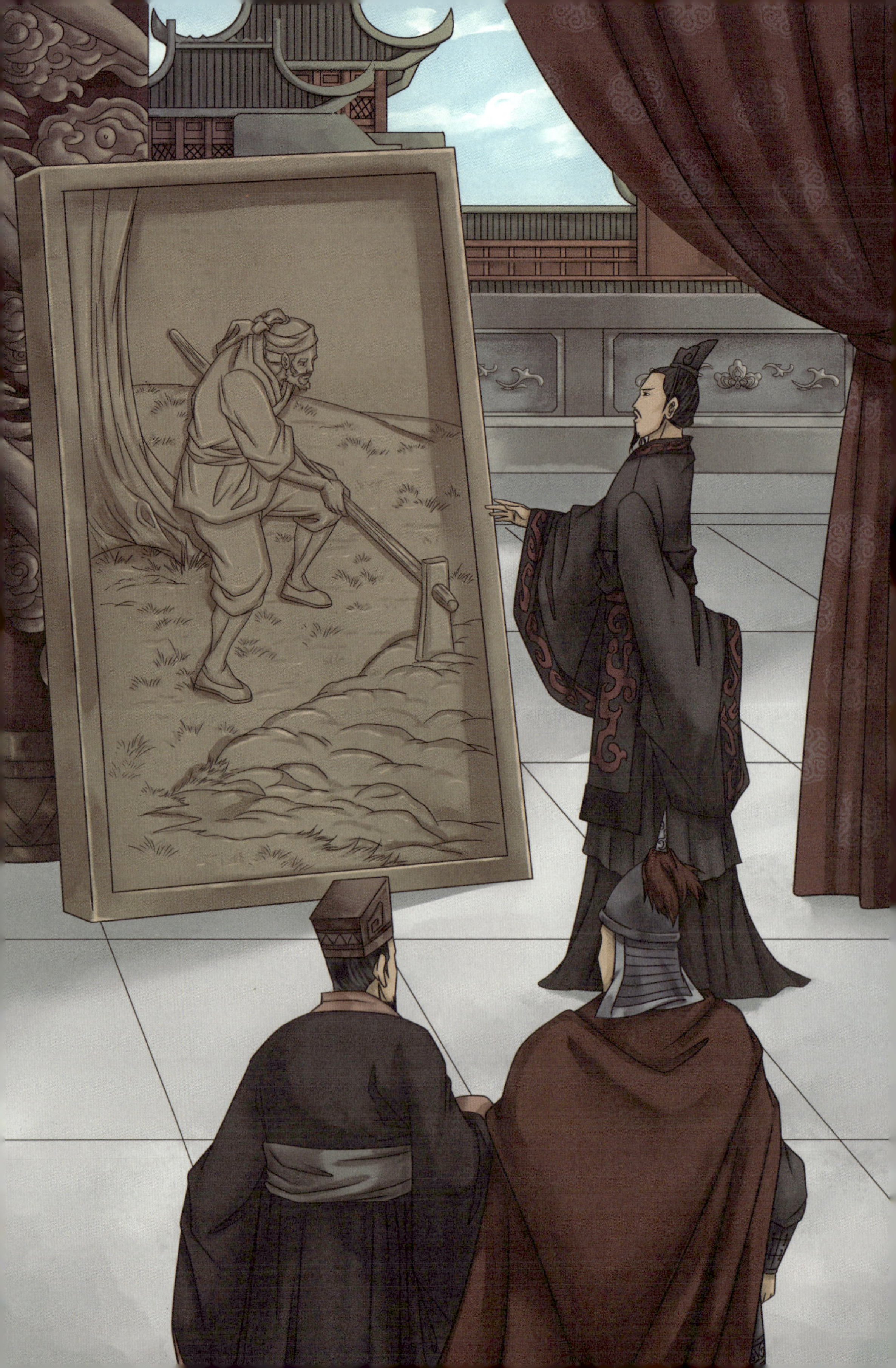

长得跟画像上一模一样,这下举国震惊了。这个奴隶名叫傅说。就是孟子《生于忧患,死于安乐》里面的"傅说举于版筑之间"的那个人。

小Q: 这只是巧合吧,这个傅说真的能治国吗?

姜sir: 大家也都很好奇,就围着傅说问了几个治国的问题,傅说都能答出来。武丁高兴地宣布,找的就是这个人,这个人就是宰相,全国的事务都交给他处理。大臣们也都不敢有意见,毕竟听起来是上天安排的,先帝商汤都托梦了,谁敢反对啊?

小Q: 这个人能管好国家吗?

姜sir: 武丁在位59年,傅说一直帮助他,事情都处理得井井有条,商的国力蒸蒸日上,成为商朝历史上最强盛的时期。

小Q: 我也希望自己能做个这样的梦,梦见能帮助我的人。

姜sir: 你还真的相信是梦到的啊,这都是提前想好的,故意安排的宣传手段。

小Q: 还能这样?

姜sir: 武丁虽然出生于帝王之家,但是他年少的时候,他的父王却将他送入了民间,让他去了解老百姓的真实生活。在这段时间,他就认识了傅说,傅说虽然是一位筑墙的奴隶,但是知识却十分丰富,对国家大事也有着自己独到的见解,也会直言不讳地抨击王室贵族。武丁十分佩服他,就想着继位后一定要好好任用他,让他协助自己治理国家。

小Q：我一下子就懂了,如果直接说让傅说当宰相,大臣们肯定不同意,所以武丁就以一场梦为借口制造了所谓的巧合。

姜sir：商王武丁三年不言,一说话就是"武丁盛世"。武丁的身边可不仅仅有傅说,还有一个特别厉害的女子,这个人是谁？我们下节见。

18 中国第一位女将军

各位同学,大家好,我就是那个人见人爱、花见花开、车见车爆胎的姜 sir。

大家好,我就是那个负责问问题的小 Q 同学。

姜 sir:一提到将军,小 Q,你能想到什么?

小 Q:武功高强,统率千军万马,骑着战马,拿着长枪。特别潇洒、帅气。

姜 sir:你会第一时间想到女将军吗?

小 Q:好像不会,我总觉得打仗就是男子汉的事。

姜 sir:可在武丁统治期间,就有一位女将军叫妇好,她是武丁的妻子,也是中国有文字记录以来第一位女将军,当时民间流传着一句话:"内事有傅说,外事有妇好。"

小 Q:怎么区分内事和外事?

姜 sir：内事一般就是治理国家的事，外事一般就是和其他国家的战争。

小 Q：那这个妇好可够厉害了，打仗的事都找她，是不是传说，假的啊？

姜 sir：这还真有证据啊。1976 年，在河南安阳小屯西北发现妇好的完整墓葬，并且在现存的甲骨文文献中，她的名字出现次数非常多，仅在安阳殷墟出土的 1 万余片甲骨中，提及她的就有 200 多次。

小 Q：看来她在商朝地位很高啊！

姜 sir：商朝的军事实力在武丁时代最盛，而为武丁带兵东征西讨的大将军就是妇好。有一年的夏天，敌人入侵北部边境，双方势均力敌，打得难解难分，战斗一时陷入了僵局，分不出胜败。这时妇好主动要求带兵出击。武丁一听，哪有女人上战场的道理，何况是自己妻子，不行。妇好一再坚持，武丁只好说，"这样吧，我们让老天决断"，就是占卜。

小 Q：是不是类似于往天上扔硬币，正面就行，反面就不行？

姜 sir：差不多。最后占卜显示妇好可以出征，并且出征就能赢。这下武丁没话说了。于是妇好披上铠甲，率领军队出征，武丁在后方担心啊，"我的王后啊，你可别从马上摔下来啊，可得注意安全啊"。可没想到妇好打得对方狼狈不堪，

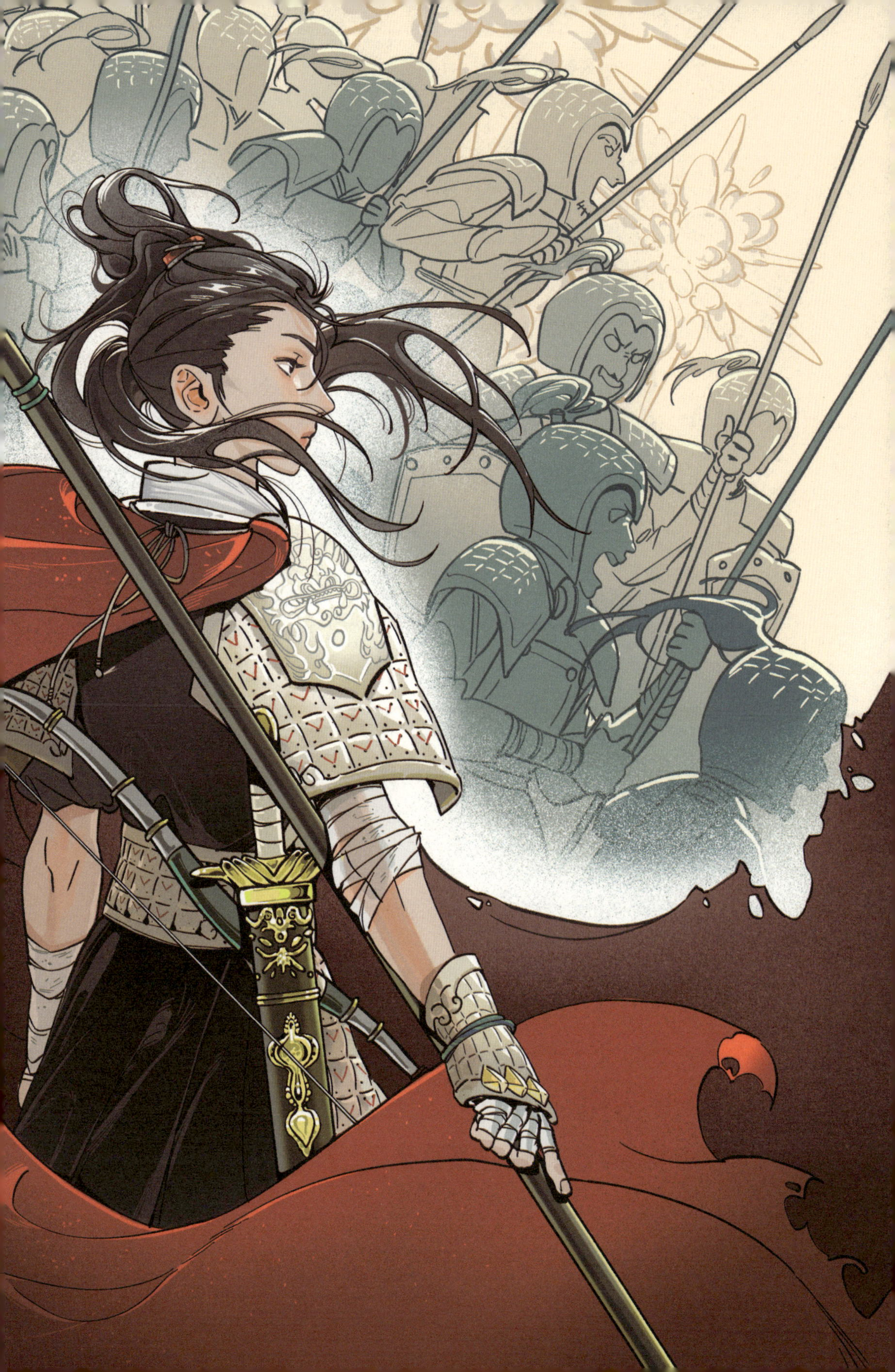

商军大获全胜，从此，武丁就同意妇好领军四处征伐。

小Q：好厉害的女子。

姜sir：妇好一生征战90多次，无一败绩。同时妇好一次能带1.3万人出征。

小Q：1.3万人很多吗，为什么要专门强调一下呢？

姜sir：我们看待古代人数问题的时候，不能站在我们现在14亿多人口的角度。夏商时期的记载，那时整个国家才几百万人，军队也只有十几万。1.3万人已经是商朝最大的一次军事行动了，妇好带了全国十分之一的军队出去打仗，已经非常厉害了，同时妇好还有其他职位呢！

小Q：打仗都这么厉害了，竟然还能干别的工作。

姜sir：妇好还是国家的主要祭司。妇好多次受命主持祭天、祭先祖、祭神等各类祭典。她还是与上天沟通的最重要的人物。

小Q：啊？她还能和鬼神聊天啊？

姜sir：其实就是古代的一种仪式，人们认为上天、祖先会给一些提示、暗示。

小Q：这么厉害的女子，武丁一定特别喜欢她吧？

姜sir：武丁大概有60多位妻子，其中只有三人拥有王后的地位，妇好则是第一位，可以说，武丁最爱的就是妇好。妇好准备出去打仗时，武丁就会问上天："妇好不会有灾祸吧？"妇好外出打仗的时候，武丁也会不停地问上天："妇好应该快回来了吧？"妇好要生孩子了，武丁问上天："妇好能够顺利生下孩子吗，不会有事吧？"妇好身体生病，武丁还会问上天："妇好的病是否还会拖延下去呢？能好吗？"在妇好去世之后，武丁为了纪念她，将妇好葬在自己的宫殿旁，以便随时能看到她，守护她。武丁害怕妇好死后在地下过得不安稳，还多次举行了大规模的祭祀活动。

小Q：我之前都不知道中国历史上还有这么一位伟大的女子。

姜sir：只可惜，世人只知花木兰，竟然不知有妇好。不知不觉，商朝也要结束了，一个和夏桀一样的暴君要出现了，他是谁呢？我们下节见。

19 他来了，他来了！

各位同学，大家好，我就是那个人见人爱、花见花开、车见车爆胎的姜 sir。

大家好，我就是那个负责问问题的小 Q 同学。

小 Q：姜 sir，这一节的题目感觉有个猛兽要来了，他来了，他来了。他是谁啊？

姜 sir：他就是臭名昭著的纣王。那真是历史上著名的昏君，商朝就是在他手里结束的。

小 Q：我记得他特别可恨，后世的人在他身上不停地加缺点，他都干了什么啊？

姜 sir：他做的坏事，我们从周武王在牧野代替上天宣读纣王的种种罪状上就可以知道。

小 Q：这个就是我们原来说过的檄文吧？

姜sir：六大罪状第一条——酗酒。

小Q：喝酒也算犯罪？

姜sir：酗酒可比喝酒过分啊，酗酒是疯狂地喝酒。

小Q：酗酒是他不对，但也不至于成为第一大罪状啊。

姜sir：这就得从商朝的喝酒说起了，商朝人喜欢喝酒，吃饭时候喝，聚会时候喝。从一些博物馆里的文物来看，商朝后期的喝酒器具明显大量增加，这就说明当时很流行喝酒。

小Q：大家都喝酒，那更不应该批评人家了。

姜sir：可是周朝的人除了在祭祀这样的重大场合可以少喝一点点，其余时候都是不可以喝酒的。周朝取代商朝后，还颁布过中国最早的禁酒令，这些禁酒令完整地保留在《尚书·酒诰》里。其中最严厉的一条就是，严禁聚众饮酒，因为聚众饮酒就有可能闹事造反。因此处罚规定，聚众饮酒者一旦被举报，将被逮捕，并且要送到都城，周公亲自判决，处死他们。

小Q：姜sir，我明白了，一群不喝酒的人反对喝酒的人，当然认为有罪喽，可为什么周朝的人就不喝，而商朝的人就喝酒呢？

姜sir：你还记得我们讲过搬家吗，说商朝搬到的地方土地肥沃，适合种田。

小Q：想起来了，想起来了，盘庚迁都。

姜sir：酒是用粮食酿造的，如果粮食都不够吃，哪有粮食用来酿酒的？商朝人生活的地方好，粮食多，所以爱酿酒，也就爱喝酒了。但周人生活的地方就没这么好了，还长期缺水，长期缺乏谷物，肚子都吃不饱，哪有粮食酿酒？所以周人认为酗酒就是第一大罪，浪费粮食我们周人就是看不过去。除了浪费粮食以外，周人还列举了饮酒对社会带来的危害有哪些。"越小大邦用丧，亦罔非酒惟辜"，大小国家的堕落，酗酒常常是表现之一。"我民用大乱丧德，亦罔非酒惟行"，酗酒会使人失去控制自己的能力，因此丧失德行。

小Q：我也觉得浪费粮食很可耻，我们现在都在提倡光盘行动。

姜sir：第二大罪——不重用亲人。

小Q：人家自己家的事，这也管。不至于吧。

姜sir：小Q，你记得我们讲过世袭制吗？

小Q：记得啊，就是血缘关系嘛。

姜sir：其实世袭制也经历了几个过程，有一个叫兄终弟及制，意思就是王位传给弟弟。

小Q：啊？不是传给儿子吗？

姜sir：后来转变成了传给儿子，叫父死子继制。再后来，孩子太多了啊，给谁呢？就有了嫡长子继承制。

小Q：什么是嫡长子啊？

姜 sir：假如我是一个君主，在古代我可以娶很多个女子。但是只有我排名第一的妻子生的第一个儿子才能继承我的王位。

小 Q：好麻烦，还是一夫一妻制好。

姜 sir：相传商纣王就是嫡长子。但是在同时期的周人，还处于兄弟之间传王位的阶段，所以，周人看不惯嫡长子继承制啊，你爸爸死了，你怎么能当君王呢，应该是你爸爸的弟弟继承啊。所以我要批评你。

小 Q：我怎么感觉商纣王有点儿冤呢！

姜 sir：第三条罪——重用小人。一般讨伐帝王，都爱这么说，后人叫清君侧。意思是你身边有坏蛋，我不放心你，我造反不是为了我自己，是为了帮助你清理身边的那群坏人。第四条罪——亲信妇女。

小 Q：第三条我能接受，第四条凭什么啊？妇好，多优秀的女子，不能重用吗？

姜 sir：其实商代女性的社会地位是比较高的，等有机会，我带你去河南安阳殷墟走走，妇好墓里出土了大量精美的器物，都能够证明她的地位很高。但周人女子的社会地位没有那么高。所以，因为这种差异，我也得批评你。

小 Q：我看过动画片，说是纣王喜欢狐狸精妲己，这个女子是不是说她啊？

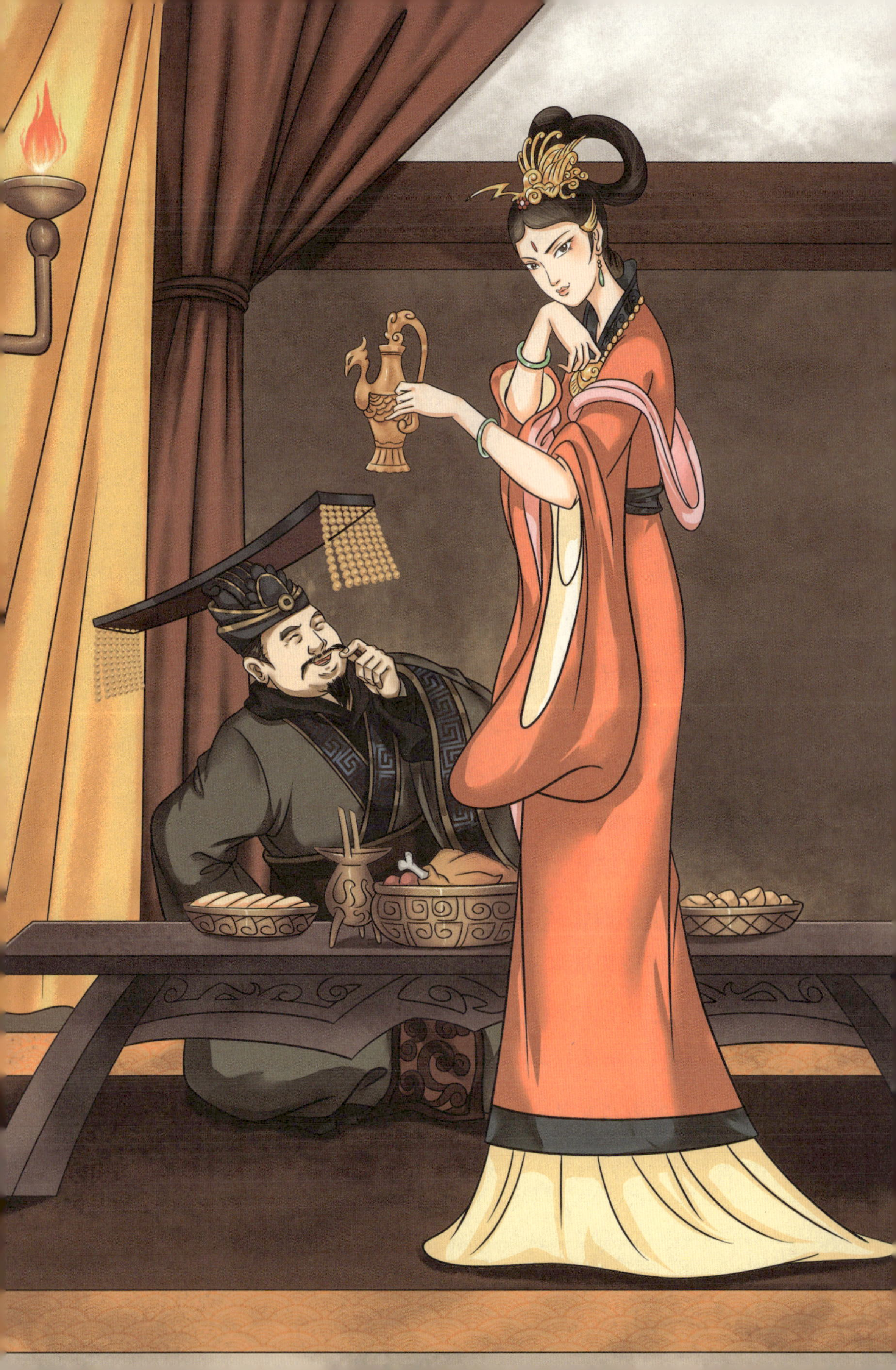

姜sir： 真实的妲己是一个很漂亮的人，但是她没有像你了解的那样狠毒。很多人都是从《封神演义》这部小说开始误解的，并且你都说是狐狸精，怎么可能是真实的历史呢?

小Q： 看来以后得分清什么是真实的历史，什么是编出来的小说了。

姜sir： 第五大罪——不信天命。第六大罪——不留心祭祀。这两条的意思就是你不敬鬼神。我曾经去过殷墟，看到过一些坑里面的人殉，真的很残忍。

小Q： 姜sir，什么是人殉啊?

姜sir： 一种残忍而野蛮的行为，就是祭天的时候，或者有帝王去世了，把活人给埋了。

小Q： 天啊，太残忍了。

姜sir： 据研究统计，大规模的人殉主要集中在武丁时期。而纣王则很少举行祭祀，人殉的规模与次数很少。他的暴行多体现在法律上。

小Q： 我记得你说过后来又有人给他加了好多条罪状，对吗?

姜sir： 是的，这六大罪状。战国加了二十七条，西汉加了二十三条，东汉增加一条，东晋加了十三条。

小Q： 是不是就是我们说过的，他可能坏，但不一定那么坏?

姜 sir： 谁让他是亡国之君呢，国家在他的手上走向了灭亡，很多过错自然就都推在了他的身上。商朝就这样结束了，在进入周朝之前，我们先去感受一下商朝的美食。我们下节见。

20 商朝吃喝攻略

各位同学，大家好，我就是那个人见人爱、花见花开、车见车爆胎的姜 sir。

大家好，我就是那个负责问问题的小 Q 同学。

姜 sir：小 Q，你怎么还拿着碗和筷子啊？

小 Q：姜 sir，你不是说要去商朝吃吃喝喝吗？

姜 sir：我们是用眼睛，用心去看，去感受，不是用嘴。

小 Q：那是传说，还是真的有证据啊？

姜 sir：目前我们发现和发掘的商代的墓已经超过 2 万座了，其中发现了不少与吃喝有关的东西，有些里面还保留着一些食物，可以帮助我们去研究商朝的吃吃喝喝。

小 Q：姜 sir，那些墓地发现的食物还能吃吗？

姜 sir：几千年了，当然不能吃了。不过商朝的饮食还真是挺丰富的。我先来考考你，你有没有吃过粟（sù）？

小Q：好像没吃过，妈妈做的饭里没有这种食物啊。

姜sir：粟，脱壳后就叫小米。"春种一粒粟，秋收万颗子。四海无闲田，农夫犹饿死。"想起来了吧，在这首诗里，粟泛指谷类。粟脱壳后变成小米容易坏，毕竟那个时候没有冰箱和冷库，不脱壳的适合长期保存，所以粟就常年作为"国家储备粮"，小米也是商朝人重要的主食。

小Q：哦，也就是我去商朝，会经常喝小米粥。还有别的吗？

姜sir：稻和麦也都是有记录的，就是生产我们通常吃的大米和白面的植物。

小Q：可以可以，有肉吗？还是肉好吃。

姜sir：有学者对商朝遗址和墓葬中动物骨骼的分布进行过研究，但即使你回到了商朝，有些食物你还是吃不到。

小Q：为什么啊？我不挑食的。

姜sir：这就是分配的等级性。早期文献记录了当时依照等级分配食材的制度。就好像一个超市，货架上虽然摆着你想吃的食物，但你地位不够，不好意思，你是不能买，不能吃的。

小Q：哼，还是现在好，只要能买到，就可以吃到。

姜sir：根据考古的发现，商朝在吃肉这件事上，地位越高，

亚丑方簋（guǐ）

青铜爵

商晚期带盖鼎

青铜三联甗（yǎn）

吃的动物越大，种类越多。比如地位高的贵族就可以吃牛肉、羊肉、猪肉，地位低一点的就吃狗肉、鸡肉、鱼肉。而老百姓呢，就只能吃青菜。所以古人往往称一类人叫肉食者，你知道是哪类人吗？

小 Q：贵族呗。吃肉都成了他们的特权了。

姜 sir：所以有个成语叫肉食者鄙。意思就是这些地位高的人看事情缺少远见，批评他们想事情不全面。

小 Q：即使他们能吃好多肉，但也得有调料啊，商朝那个时候有吗？

姜 sir：伊尹都能把治国和做饭联系到一起，说明当时就会烹饪美食了，已经可以熟练使用多种调料。

小 Q：盐很重要，妈妈做饭总尝尝咸淡，淡了就要放盐。

姜 sir：不仅仅有咸淡，商朝可以通过梅来调制酸味，商朝人还会用梅为肉类去掉腥味。

小 Q：没想到几千年前的商朝还挺会吃的啊。那他们怎么做菜呢，红烧、清蒸、烘烤，这些他们会吗？

姜 sir：煮和烤是商朝常用的两种方式。至于炒、炸就很难了。

小 Q：为什么？炒菜和炸东西吃，多美味啊。

姜 sir：炒菜和炸东西需要先在锅里放什么？

小 Q：先放油。我明白了，那时候还没有油。

姜 sir：至少目前还没有找到证据说当时有油，但聪明的商朝人已经发现可以用热水的蒸汽蒸熟食物了。毕竟蒸出来的食物和煮的食物是两种味道。小 Q，说完了吃的，你知道商朝人爱喝什么吗？

小 Q：酒，在前面的小节里提到了。

姜 sir：其实，当时酒也是分不同种类的，有一种加草药的，闻起来特别香，那是用来祭祀的，给神喝的；也有一些用大米或小米为原料酿造的酒，人们喝的就是这些；甚至还有一些在酒里加了治病的中药的，也就是药酒。

小 Q：商朝人在吃喝这件事上很下功夫啊，不会只有酒吧？毕竟不是所有人都喝酒的。

姜 sir：只能说推断会有牛奶、羊奶。随着考古发掘技术的提高，相关发现也会不断增加，结合一些资料，我们会对商朝的吃喝有更深的了解。

小 Q：我发现我们对商朝的了解明显比夏朝多了，是因为商朝离我们近一些吧。

姜 sir：不仅仅是近，主要是商朝有了最早的文字——甲骨文。就让我们一起走进古老的甲骨文。我们下节见。

21 骨头上竟然有字

各位同学,大家好,我就是那个人见人爱、花见花开、车见车爆胎的姜 sir。

大家好,我就是那个负责问问题的小 Q 同学。

姜 sir：让我们以热烈的掌声,欢迎今天的主人公——汉字。

小 Q：汉字怎么是主人公了？我们都会写啊。

姜 sir：汉字是我国最古老的发明之一,是至今世界上还在用的最古老的文字。世界上还没有任何一种文字像汉字这样从古至今一直使用着,你说厉害不厉害？

小 Q：我突然有了学汉字的动力。

姜 sir：最早的时候,还没有文字,如果有什么重大的事情需要记录,只能用摆放石块的方法来记事,叫作堆石记事。

小 Q：啊？这哪儿记得住啊,万一有个调皮的小孩,把石头给扔了，不就没用了吗？

姜 sir：所以人们要改变这种方式啊，找一个方便携带的、不容易破坏的，于是就有了结绳记事。用柔软的树皮搓成细绳，然后把数十条细绳排列整齐悬挂在一处，在上边打结。大事就打个大结，小事就打个小结。先发生的事打在里边，后发生的事打在外边。这就叫"上古结绳而治，后世圣人易之以书契"。

小 Q：还真别说，比堆石头方便多了。但也还是不方便，万一绳子烂了，或者被火烧了，还有这个结越来越多，也记不住啊。

姜 sir：小 Q，你发现没有，你每次挑的毛病，就是进步的原因，人类为什么会进步，就是发现现在用的东西不方便了，需要改变，所以古人就在石头上刻上一些我们商量好的符号。

小 Q：我感觉这种符号有点文字的味道了。

姜 sir：对啊，但是这种符号更像是小范围的密码，咱俩商量好了，咱俩就知道，但几千年后，我们看到的时候，就不懂了。

小 Q：那能不能有一种大家都看得懂的符号呢？

姜 sir：这就是传说中的仓颉造字。相传仓颉在黄帝手下当官。黄帝派他管理很多事情，仓颉发现没有工具可以记录下来，很难管理。想了好久也没有什么办法，有一天，他外出打猎，走到一个岔路口时，看见几个老人正在吵架。一个老人说："我们得往东，那面有羚羊。"一个老人说："得往北，那里有鹿群。"一个老人说："就得往西，那里有两只老虎，不及时打死，就会错过机会。"仓颉很好奇："你们怎么知道哪面有什么动物的？"老人说："你看地下的脚印啊。"仓颉一下就明白了：一个脚印代表一种野兽，我为什么不把我所管的事情画下来呢？

文字就是这么产生的。小 Q，你相信这个故事吗？

小 Q：这个故事也没有什么妖魔鬼怪的，我觉得像是真的。

姜 sir：其实仓颉这位传说中的人物，在我国战国以前的典籍中从未提及。一代一代开始加内容，到了后来，仓颉又是黄帝的史官，又是天生神通。其实仓颉可能更多是把大家画的文字收集起来，看谁画得又简单又容易理解，就选了那个字。鲁迅在《门外文谈》里说道：

> 在社会里，仓颉也不止一个，有的在刀柄上刻一点图，有的在门户上画一些画，心心相印，口口相传，文字就多起来，史官一采集，便可以敷衍记事了。

小 Q：那字有了，可那个时候还没有纸吧，字都写在哪

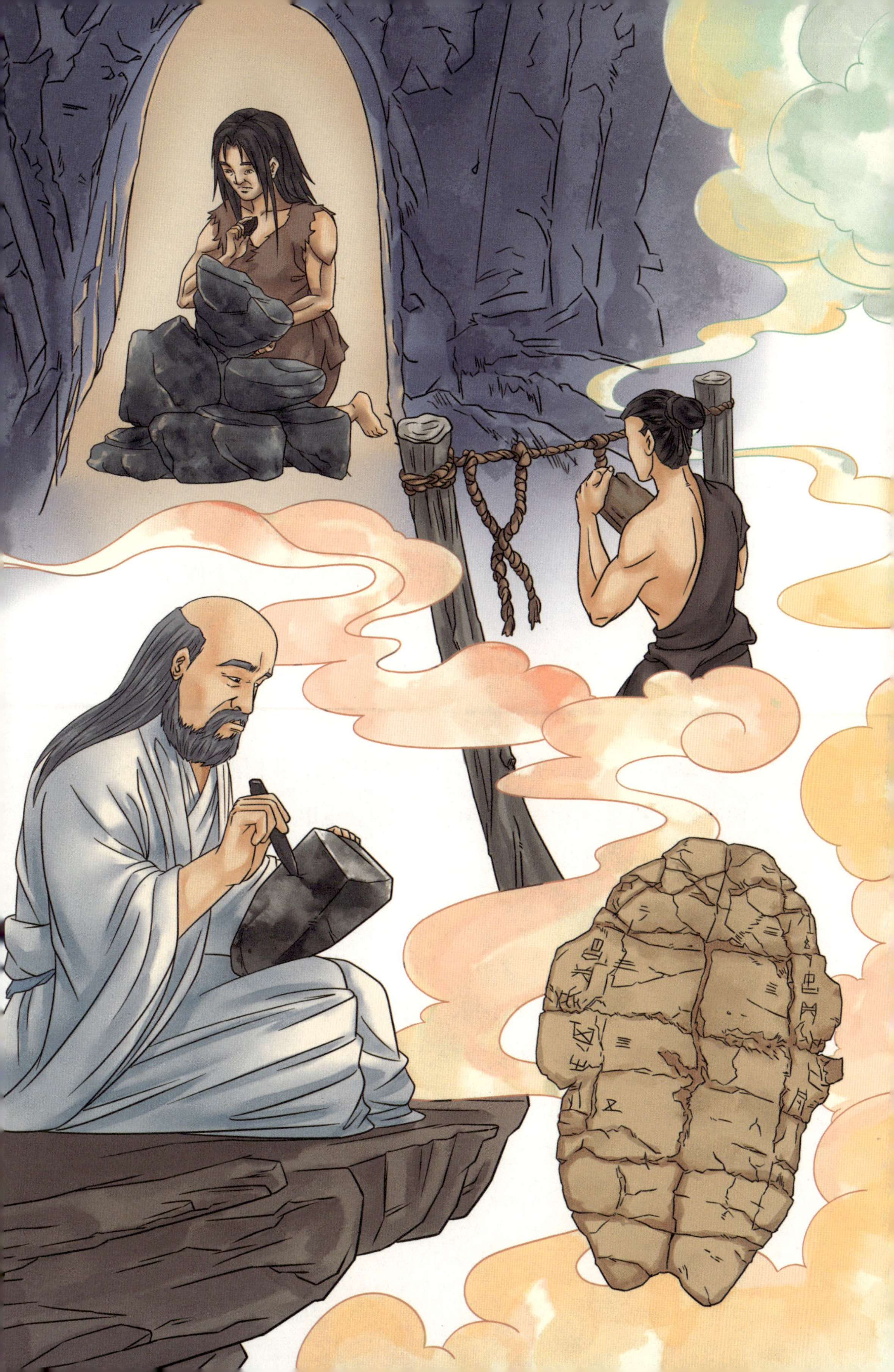

儿啊？

姜sir：刻在石头上，怎么样？

小Q：好是好，可是不容易搬走啊，多累啊。

姜sir：那就刻在树叶上。

小Q：这是轻便了，但没几天就干枯了啊，一碰就碎了。

姜sir：人们发现，把肉吃完扔掉的骨头放那儿好久都不会坏，也不重。

小Q：这个好，这个好。

姜sir：所以我就找了一根鱼骨头，把字刻在上面。

小Q：鱼骨头那么细，怎么刻？

姜sir：那你说，用什么骨头？

小Q：牛骨头大，或者乌龟后背那个壳。

姜sir：这就是我们国家发现的甲骨文，我们能见到的最早的成熟汉字，主要指中国商朝用于记事在龟甲或兽骨上刻的文字。

小Q：原来我们的文字就是这样一步一步产生，然后流传下来的。

姜sir：甲骨文距今有三千多年历史，但被发现也就百年时间，并且一提到这个事情，我就特别难受。

小Q：发现了应该高兴啊，为什么难受啊？

姜sir：19世纪末，安阳县小屯村有个叫李成的人，得病没钱抓药。无意间，在田间捡来一块骨头捣碎并抹在身上，好了。他就觉得这骨头是龙骨。

小Q：龙骨是龙的骨头吗？

姜sir：龙骨是中药的一种，名字就叫龙骨。李成一看，发财了，地下埋着这么多中药，从此他就收龙骨，卖龙骨。大家看他赚钱了，都开始学他，很多龙骨都被挖出来，磨成粉，当药吃了。

小Q：难道他们挖的不是龙骨，而是我们最早的刻甲骨文的骨头？

姜sir：是的，这事也不怪他们。那个时候，谁知道这东西是文物啊？所以许许多多的商代历史被磨成粉，被人们当作中药吃进了肚子里，这就是"人吞商史"。

小Q：那没人发现吗？再这样下去，我们对商朝的历史知道得就更少了。

姜sir：1899年，一个叫王懿荣的人生病了去抓药，买了龙骨。回到家，他就发现龙骨上有许多规律的符号，很像古代文字，于是他派人去买回全部龙骨，反复研究才发现，这些是祖先创造的古老文字。从此，殷墟甲骨文才为世人所知。虽然丢失了很多，但最终还是保留了一些，也为我们研究商朝提供了很大的帮助。商朝结束了，周朝要来了，一个卖盐的人正在向我们走来，他是谁呢？我们下节见。

22 卖盐的人很重要

各位同学，大家好，我就是那个人见人爱、花见花开、车见车爆胎的姜 sir。

大家好，我就是那个负责问问题的小 Q 同学。

姜 sir：小 Q，你还记得我们讲过商朝的武丁梦见了谁吗？

小 Q：记得记得，叫傅说。

姜 sir：孟子的"傅说举于版筑之间"，意思是傅说从筑泥墙的建筑工人之间被推举出来了，后面还有一个类似的人，"胶鬲（gé）举于鱼盐之中"。

小 Q：这个人应该是卖盐的吧。

姜 sir：这个人就是帮助周朝灭掉商朝的胶鬲。胶鬲原本是商纣王手下的官员，后来成为周朝的开国功臣，这中间发生了什么就有三个版本了。第一个版本是胶鬲本是商朝的官员，看不惯商纣王那么坏，那么残暴，于是辞官去卖盐。在卖盐的过程中胶鬲认识了周文王姬昌，两个人一商量，胶鬲又回到商朝做官了。

小Q：啊？我以为周文王会把他带走，怎么又劝他回商纣王身边了？

姜sir：如果我的敌人身边有我的好朋友，你说对我有没有帮助？

小Q：哦，原来是让他做间谍啊。

姜sir：第二个版本说胶鬲本就是卖盐的，后来做官了。但心中一直想做大事情，想治理天下。周文王答应他，一旦推翻了商朝，就让他去做他想做的大事，胶鬲便同意了。

小Q：那万一我帮了你，你说话不算数怎么办啊？

姜sir：据说当时签订了盟约，一共三份，你一份，我一份，埋在地下一份。

小Q：这都有了签合同的感觉。

姜sir：第三个版本说胶鬲是贩盐的，超级有钱，可以说富可敌国。纣王喜欢打仗，可是打仗需要钱，就在纣王正愁没钱的时候，周文王将胶鬲推荐给纣王，纣王一看胶鬲这么有钱，便给他封了个大官，周文王就顺利地把自己的伙伴送到了敌人身边。

小Q：我发现，不管是哪个版本，胶鬲一定卖过盐。

姜 sir：他可是被称为盐业始祖的人物。胶鬲很有商业头脑，发现卖什么都不如去卖盐，因为所有人都离不开盐，所以胶鬲的主要经商范围就是卖咸鱼干和盐。

小 Q：我回古代也要去卖盐，多赚钱啊。

姜 sir：小 Q 去超市里买过盐吗？

小 Q：买过啊。妈妈经常让我去买。

姜 sir：那你有没有发现，盐的价格很便宜，甚至都不如一包薯片贵。

小 Q：是啊是啊，我还纳闷为什么呢？

姜 sir：盐是重要的生活用品，老百姓离不开，进入春秋战国时期，盐就由国家统一售卖了，这样可以防止有人抬高食盐价格，引起国家的动荡。

小 Q：原来如此啊，幸亏胶鬲是很早之前卖盐，要不然也不合法。

姜 sir：胶鬲在周取代商的过程中，起到了非常重要的作用，那场战争叫牧野之战，是一场中国古代以少胜多的著名战役。

小 Q：那双方有多少人啊？

姜 sir：这有几种不同说法的。有说 5 万对 70 万的，也有说 5 万对 17 万的，本身古代打仗，就爱虚报人数。10 万非得说几十万，显得自己很厉害。但肯定是周这方面人少。这

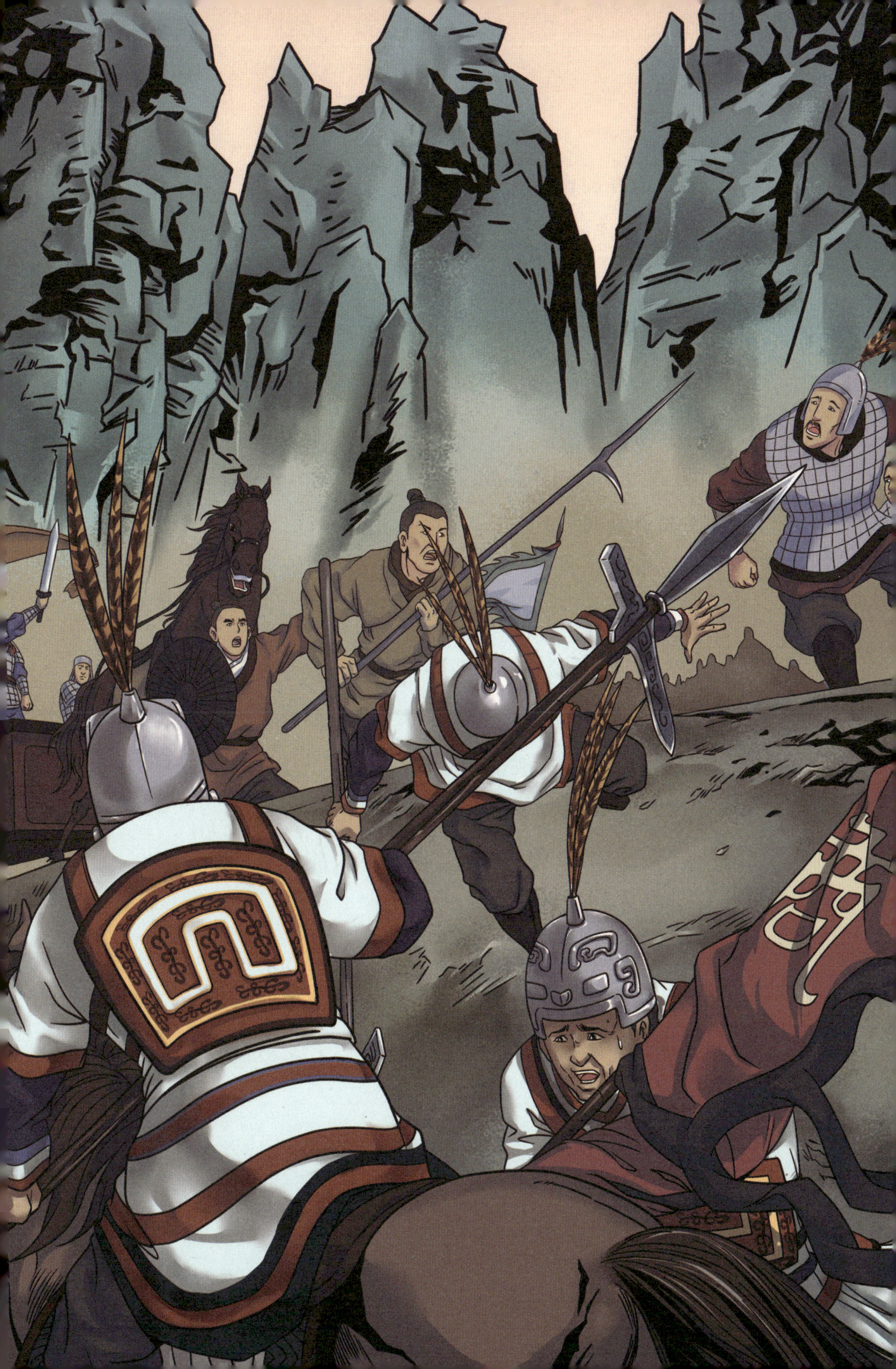

个时候，胶鬲的作用就显现出来了。

小Q：我知道了，一定是胶鬲劝了很多人投降，对不对？但他也不可能都劝了啊，那么多人。

姜sir：你踢足球吗？

小Q：踢啊，但这个和胶鬲有什么关系啊，难道他在战场上踢球了？

姜sir：我是问你，如果你们队有几个人不踢了，认输了，你觉得会有影响吗？

小Q：当然有了，不说人数减少吧，气势上，大家心里就觉得输定了。

姜sir：所以胶鬲只需要劝一部分人投降就可以了，这个效果就完全不一样啊。同时商纣王做了很多坏事，大家就对他不满意。你说这场战争谁赢了？

小Q：肯定是周赢了。

姜sir：所以你说卖盐的胶鬲重要不重要？

小Q：太重要了。

姜sir：围绕着周取代商这场战争的前前后后，后世就有了一本小说，叫作《封神演义》，也叫《武王伐纣外史》。《封神演义》到底有多少是真实的历史，又有多少是人们虚构出来的呢？我们下节见。

23 《封神演义》的几分真假

姜 sir：各位同学，大家好，我就是那个人见人爱、花见花开、车见车爆胎的姜 sir。

小 Q：大家好，我就是那个负责问问题的小 Q 同学。

姜 sir：小 Q，你听说过《封神演义》这本书吗？

小 Q：说实话，有点印象，但具体内容不太知道。

姜 sir：那你听说过哪吒吗？

小 Q："是他，就是他，我们的朋友小哪吒。"当然知道了，我特别喜欢他。

姜 sir：哪吒就是这本书里的人物。

小 Q：我对这本书还挺感兴趣的，为什么到周朝要讲这本书啊，难道这本书就是讲周朝的？

姜 sir：《封神演义》是我国明代的一本神话题材小说，

讲的是姜子牙辅佐周武王讨伐商纣王的故事。

小Q：这不是真实的历史吗？

姜sir：小说，就类似于现在的电视剧。你得吸引观众啊，越精彩看的人越多。所以写一些爱恨情仇会更吸引观众。

小Q：那《封神演义》这部小说都加了什么？

姜sir：加入了两个宗教，一个叫阐（chǎn）教，里面有元始天尊、哪吒、土行孙、南极仙翁、雷震子这些人物，他们都帮着周朝。

小Q：那商朝打得赢吗？这些名字一听就是会法术的。

姜sir：所以小说又给商朝加了个宗教，叫截教，有通天教主、多宝道人、乌云仙，之后的剧情你应该能猜到吧。

小Q：那肯定是你出个法术，我出个法术，打得死去活来。

姜sir：对啊，这样才能吸引读者。如果我写成两派的神仙用石头剪刀布决定胜负，你觉得还有意思吗？

小Q：哈哈哈，感觉有点儿幼稚。

姜sir：最后结果呢，截教失败，纣王自杀，武王夺取天下。姜子牙封神，开表彰大会，哪些神做出过重要贡献，颁发奖状。

小Q：那这些神肯定是假的。

姜sir：所以说《封神演义》是历史、神话和各种传说的结合。

小Q：我懂了，也就是这本书里的神话都是假的，但里面写的历史上的事和人是真实存在的。

姜 sir：是的。但是有些人物是为了配合小说去吸引观众而编出来的，同时也编了一些内容。比如让人咬牙切齿的狐狸精妲己。

小 Q：为什么很多人一听到妲己就生气呢？

姜 sir：有个成语叫"祸国殃民"，意思就是国家和老百姓都因为这个人而被祸害了。

小 Q：她都做了什么啊？都用上这个成语了。

姜 sir：气人的我都不敢和你说。比如，自从她到了商纣王身边，商纣王也不管国家了，整天就是玩，花大量的钱去建宫殿，去全国搜集好玩的、好吃的，谁要是反对、提意见，就杀了谁，用各种方法去杀人。

小 Q：还是告诉我吧，我可以控制情绪的。

姜 sir：比如"敲骨验髓"。纣王和妲己凭栏看雪，发现一老一少光脚过河。老者不怕冷，很快过了河，少年却畏畏缩缩。妲己便和纣王打赌说，是因为老者骨髓充盈、遇寒不冷。命人将老少二人抓来，砍断胫骨，当场验髓。

小 Q：姜 sir，我要去找妲己，气死我了。

姜 sir：别生气啊，这是小说里的人物。

小 Q：那真实生活中，她是这样的人吗？

姜 sir：其实妲己本身是被商纣王打仗抢来的，并不是小

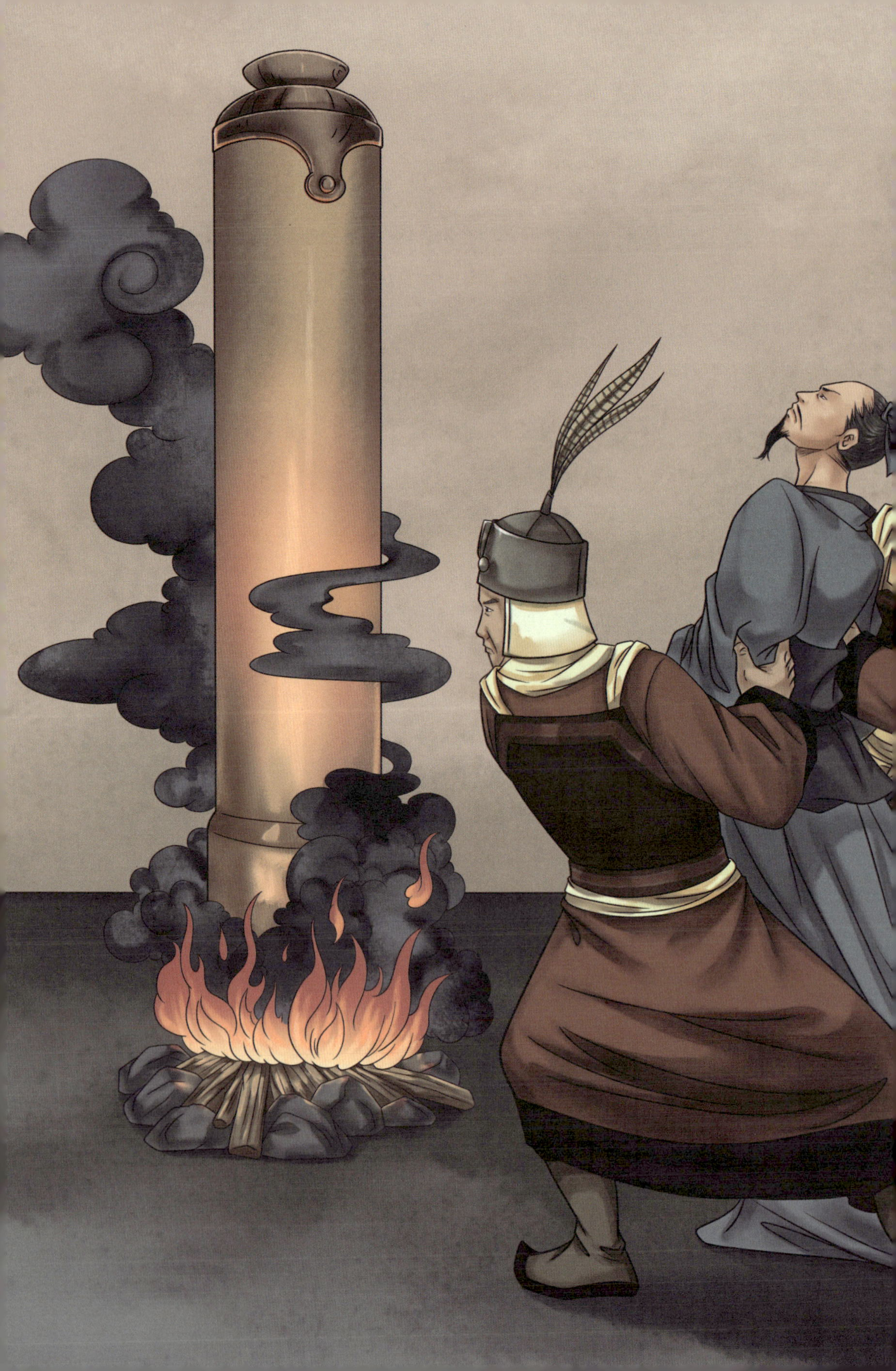

说里写的带着任务来商朝报仇的。《史记》里写的妲己是商纣王很喜欢她，特别听她的话，其他几乎就没有了。

小Q：那为什么《封神演义》把她写得那么坏？

姜sir：在已发现的甲骨文卜辞中，均找不到对妲己的任何记载。《国语·晋语》记载："殷辛伐有苏，有苏氏以妲己女焉。"这是历史中第一次出现"妲己"这个人物。同时妲己的形象也只是一个对殷商灭亡负有责任的女人，形象远没有后世传的那么恶劣。关于妲己的坏，不是从《封神演义》开始的，西汉的《列女传》就已经把她描述为祸国殃民的妖妃了。

小Q：这书我是真没听过。

姜sir：这是专门写古代妇女的书。

小Q：那么多妇女，为啥要把妲己写得那么坏？

姜sir：当时的皇帝每天都和妃子吃喝玩乐，不管国家，大臣看见着急啊，大臣提了意见没用，所以就想了个办法。小Q，假如你每次直接说"皇帝啊，咱不能这样"，可皇帝却说"我过得挺好的，我不觉得我应该改啊"，你会怎么办？

小Q：我会给皇帝举例子，你看谁谁谁，就像你这样，最后多惨啊。

姜sir：小Q，你很聪明啊。这个办法很对。

所以大臣就编造出了一个祸国殃民的女子，就是为了给皇帝举例子。你看商纣王就是喜欢那个坏坏的妲己，最后国家丢了吧，所以你不能这样。

小Q：哦，这样我就不生气了，原来历史上的妲己并不像小说里那么气人。

姜sir：你知道历史和小说的区别了吧。

小Q：那姜子牙这个人物真的有吗？

姜sir：既然你提到了和我一个姓的姜子牙，那我们下一节就必须聊聊这个人了。我们下节见。

24 最会钓鱼的人出现了

各位同学,大家好,我就是那个人见人爱、花见花开、车见车爆胎的姜 sir。

大家好,我就是那个负责问问题的小 Q 同学。

姜 sir:小 Q,你知道吗,其实我的祖先就是姜子牙。相传《封神榜》的背面就是姜 sir 的家谱,姜 sir 的名字就写在上面,并且是宋体加粗还有下画线。

小 Q:姜 sir,你骗不了我,这不是你前面给我讲的要包装出身,和三皇五帝攀亲戚的那段吗?再说了,《封神榜》还宋体加粗,你当《封神榜》是 word 打印文件吗?

姜 sir:哎呀,教会你那么多,以后不好骗你了,那我们今天就说说我想攀亲戚的姜子牙吧。小 Q,李白的诗还记得吧?

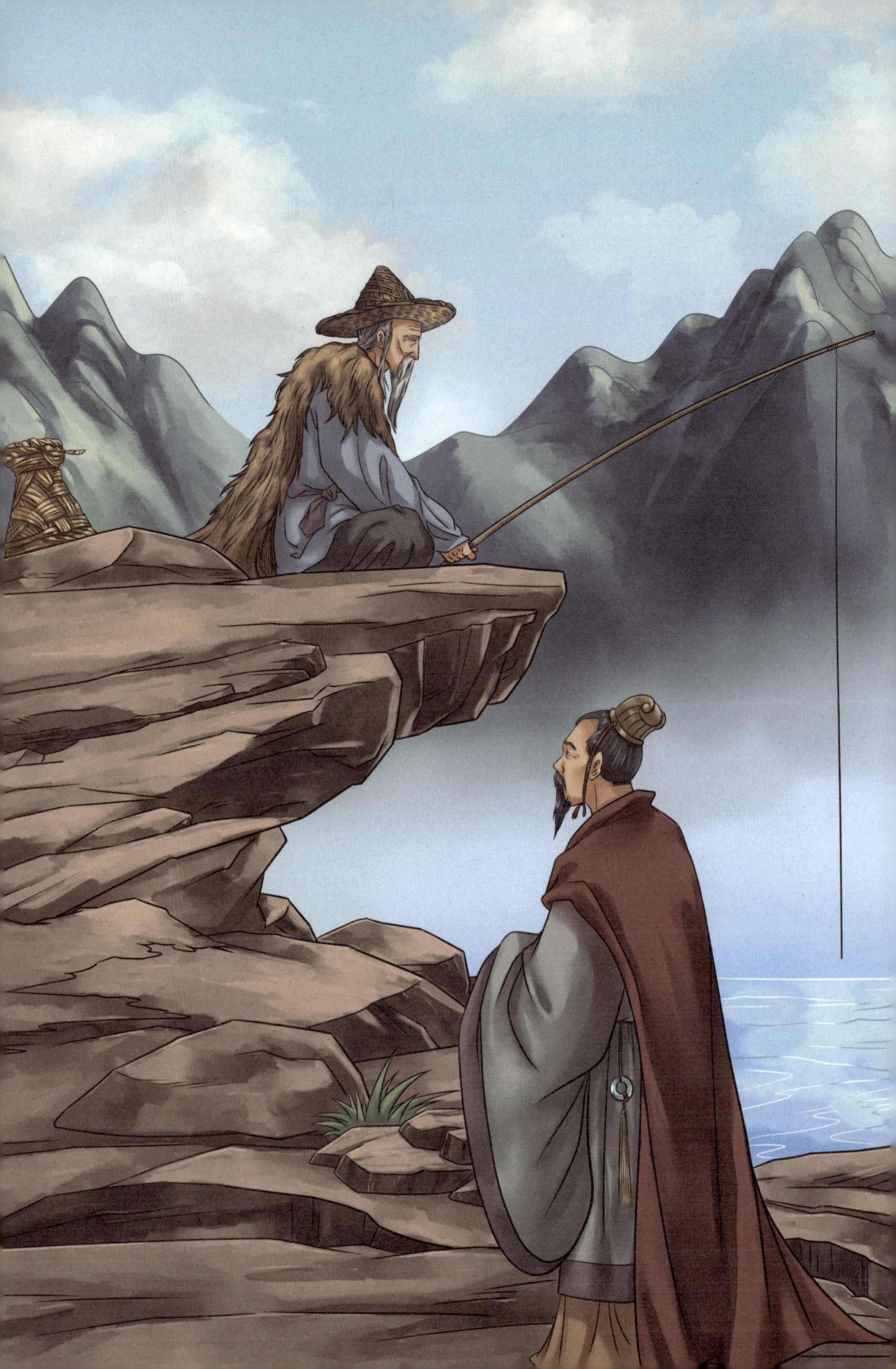

小Q：一定是李白的诗歌中写了姜子牙，你这招已经被我识破了。

姜sir：好吧，你越来越懂我了，李白的《行路难》中"闲来垂钓碧溪上"就是写的姜子牙钓鱼的故事。

小Q：一个钓鱼的为什么被后人记得这么清楚？

姜sir：这就叫"姜太公钓鱼——愿者上钩"。姜子牙当时年龄已经很大了，想得到西伯侯的重视，可又不认识人家，于是想了个办法——在人家回家的路上等着。

小Q：可你等着，人家也不一定见你呀！

姜sir：所以得想办法吸引西伯侯的注意啊！钓鱼，但正常钓鱼谁会看啊？于是姜子牙不放鱼饵，也不用弯曲的鱼钩，连鱼线都不进水。西伯侯见到了，觉得这是奇人，于是主动跟他交谈，姜子牙的机会来了。可姜子牙怎么可能去聊钓鱼的事呢，抓紧一切时间展示自己的才华，最后就被重用了。

小Q：我觉得这个故事有点假，不像是真实的历史。

姜sir：这个故事来自《封神演义》。

小Q：啊？又是为了吸引观众的呗。

姜sir：《史记》中并不确定西伯侯遇到姜子牙是这样的场景，《史记》中描写的是西伯侯出门前算了一卦，说今天可能会遇到重要的人，原文是："吕尚盖尝穷困，年老矣，以渔钓奸周西伯。西伯将出猎，卜之，曰：'所获非龙非螭（chī），非虎非罴（pí）；所获霸王之辅'。"古人很信占卜的，所以西伯侯出门就特别注意遇见的人。"果遇太公于渭之阳"，意思就是果然在渭河北面遇见了姜子牙，但没那么详细地写鱼钩、鱼饵。

小Q：我懂了。后人就觉得在河边肯定得钓鱼，就加了一些细节进来。

姜sir：对喽。但《史记》中说姜子牙确实在这儿等了很久。

小Q：我好像听说姜子牙那个时候年龄很大了，对不对？

姜sir：目前大多文献中都记录姜子牙是约70岁遇到的文王，但史学界一般认为此时姜尚72岁是比较可信的。

小Q：年龄这么大才被重用，真不容易。

姜sir：这叫大器晚成，指能担当重任的人物要经过长期的锻炼，成就较晚。

小Q：我其实一直有个问题想问，他到底叫啥，一会儿姜子牙，一会儿姜尚，还有的管他叫吕尚。

姜sir：你说的都对啊，都是一个人啊。

小Q：一个人怎么可能有那么多名字？

姜sir：姜姓，吕氏，名尚，字子牙。姓和氏是很多人特别不理解的，因为我们现在姓和氏是统一的，姜就是我的姓氏，没有第二个。但很早之前姓和氏是分开的，一个人会拥有两个，所以他有两个，一个是姜，一个是吕。名尚，和我们现在一样，就是名字。字是古人成年后第二个名，字子牙。

小 Q：比如我小名是姜小 Q，在很早之前还能有个氏，长大以后还可以取第二个名字就是字。

姜 sir：姜 sir 送你个氏，就是阿，你长大后的字就叫佩奇，按照古人的方式你应该怎么介绍自己？

小 Q：姜小 Q，又名阿小 Q，字佩奇。怎么感觉你给我起的字好怪啊。

姜 sir：别看姜子牙年龄大，但他很有智慧，给周文王出了很多计谋。这就是"天下三分，其二归周者，太公之谋计居多"。

小 Q：这句我懂，意思是天下分三份，周就有两份，这里主要是因为姜子牙的计谋获得的。

姜 sir：因为在讨伐商朝的过程中，姜子牙功劳最大，所以第一个奖状就得发给他，奖品就是封地，封地在齐这个地方，于是奖状上便写着齐太公。

小 Q：姜 sir，古人总提到封地，到底是什么意思？

姜 sir：就是我给你一块很大的土地，在这块土地上，你自己说了算。

小 Q：姜子牙被封的齐感觉很熟悉。

姜 sir：就是春秋战国时期的齐国啊，也就是现在山东省的部分地区。姜子牙到了齐之后，发展经济，很多人都愿意来这里，于是齐也越来越强大。历史上的姜太公为齐国在以后的乱世中建立大国打下了良好的基础。

小Q：我觉得我今天学会了一样很重要的精神。

姜sir：什么精神？

小Q：姜子牙为了实现理想，那么大年纪在河边等西伯侯，这种持之以恒、锲而不舍的精神值得我去学习。

姜sir：这就是多读历史的好处。下一节是小Q最喜欢的。

小Q：难道要讲吃的了？

姜sir：我们要讲吃饭都会被后人称赞的人，到底是谁呢？我们下节见。

第 **4** 章

四夷臣服的西周

25 吐饭能被后人称赞

各位同学,大家好,我就是那个人见人爱、花见花开、车见车爆胎的姜 sir。

大家好,我就是那个负责问问题的小 Q 同学。

姜 sir：上节我们提到会钓鱼的姜子牙帮助周取代了商,一个中国历史上最长的朝代周朝就建立了。

小 Q：最长的朝代有多长？

姜 sir：周朝合在一起有 790 年那么长。小 Q，在你读历史的时候，你一定要去留意一个数字，就是 300 年。当你听完了中国历史，你就会发现能够存在并超过 300 年的朝代太少了。

小 Q：超过 300 年都很难，那周朝 790 年，实在是太厉害了！

姜 sir：你听说过曹操吗?

小 Q：姜 sir，你又来了，不仅我，所有在看书的小朋友，都知道你要用曹操的作品讲一个人。你这个套路，我们已经识破了，你下次别用这招儿了。

姜 sir：曹操曾经写过很有名的《短歌行》，里面就有一句名言，"周公吐哺，天下归心"。我们今天就围绕这句来讲。首先周公是谁?

小 Q：曹操的这首诗我会背，但周公不就叫周公吗?

姜 sir：周公是他的爵位，大概意思就是他在这个国家的地位很高。他的真名特别容易引起误会，姓姬，名字是表示早晨的那个旦。

小 Q：哈哈哈哈，我知道你为什么要强调分别是哪个字了，因为连起来就是姬旦。

姜 sir：同音不同字，可不是咱们吃的那个鸡蛋。周公是周文王的儿子，周武王的弟弟。他哥哥去世得早，传位给儿子，也就是周成王，但那个时候周成王才 13 岁。

小 Q：这么小，放到现在初中还没毕业呢。怎么能治理国家呢?

姜 sir：所以周公得帮周成王，所有的国家大事都是周公替周成王来处理的。

小 Q：这和商朝的伊尹有一点点像。那周公处理得好吗?

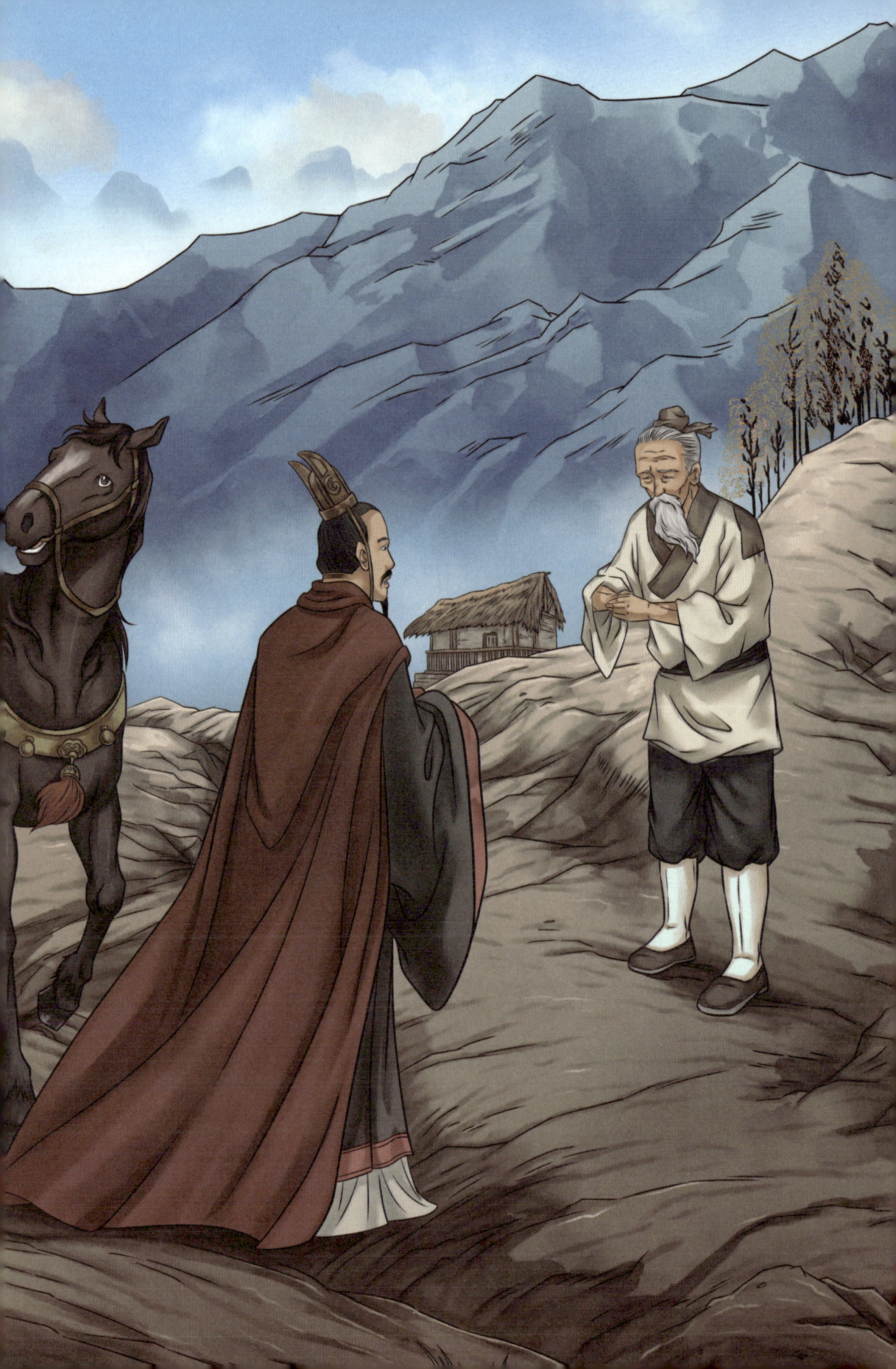

姜 sir：后人有评价"孔子之前，黄帝之后，于中国有大关系者，周公一人而已"。意思是在黄帝和孔子之间，对整个中国影响最大的人就是周公。唐宋八大家之一韩愈就总结了一些对中国做出重大贡献的人物，分别是尧、舜、禹、汤、文、武、周公、孔子、孟子。

小 Q：这些人都很厉害。尧、舜、禹，你给我们讲过，汤就是商汤，商朝的开国皇帝。文、武就是周文王和周武王。孔子、孟子更不用说了，那简直就是偶像中的偶像——超级偶像啊！

姜 sir：所以知道周公有多厉害了吧。周公当代理天子七年，各种制度法律都制定好了。这些制度为周朝近八百年的统治打下了基础。周公我们已经认识了，我们继续解释吐哺。哺是指在嘴里嚼着的食物。

小 Q：啊？就是吐饭啊，这么挑食。

姜 sir：人家不是挑食。小 Q，你一天吃几顿饭？

小 Q：三顿，偶尔还加餐。

姜 sir：周朝的时候，一天两餐。第一顿饭叫朝食，相当于现在的上午九点左右吃。第二顿饭叫哺食，相当于现在的下午四点左右吃。

小 Q：那周公为什么不吃，吐了呢？

姜 sir：如果让你管理天下，你最需要什么人？

小Q：像伊尹、姜子牙那样的人才啊。得帮我治理国家。

姜sir：那如果有这样的人来拜访你，而你正在吃饭，你是让人家等着，还是赶紧去见人家呢？

小Q：当然赶紧去见啊，万一人家走了呢。

姜sir：所以周公是着急接见人才啊。一沐三握发，一饭三吐哺。洗着头发，听说有人来了，不洗了，赶紧去见人家。正吃饭呢，听说有人来了，不吃了，赶紧去见人家。你说这样的态度，天下的人才愿不愿意来呢？

小Q：当然愿意去了。

姜sir：所以就有了天下归心。

小Q：姜sir，我听说周公还能解梦呢，说我梦见了什么就预示着第二天可能会发生什么。

姜sir：这怎么可能有科学依据呢？那我梦见我开飞机了，难道周公也能知道？

其实是孔子特别崇拜周公，说梦见过周公，叫作"甚矣，吾衰也！久矣，吾不复梦见周公"。意思是我衰老得很厉害呀！我已经好久没有再梦见周公了。就是这句话让周公和梦有了联系，传着传着，就传成了周公会解梦。

小Q：那孔子真的梦见过周公吗？

姜sir：你可以试试，每天白天用8个小时想姜sir，晚上你就可能梦见姜sir。这就是日有所思，夜有所梦。

小Q：看来周公真的很厉害，能让孔子这么喜欢他，真是吃饭都能被后人称赞的人物啊。

姜sir：周朝在周公的治理下越来越好。可是也出现了一段特殊的时期，见面只能眨眨眼，话都不敢多说。那究竟发生了什么呢？我们下节见。

26 见面只能眨眨眼

各位同学，大家好，我就是那个人见人爱、花见花开、车见车爆胎的姜 sir。

大家好，我就是那个负责问问题的小 Q 同学。

姜 sir：时间过得很快，周朝也没发生什么特殊的事，基本就是一代传一代。但传到第 10 代，出现了一个可以和夏桀、商纣王齐名的周厉王。

小 Q：能和这两位相提并论肯定是个昏君。

姜 sir：其实不怕君王没本事，就怕君王没本事还爱折腾。

小 Q：为什么？君王没本事也不行啊。

姜 sir：君王都有本事最好了。但世袭制必然会有一些普通的、没什么能力的君王出现，这很正常。毕竟谁也不能保证后代一直优秀，但谁让人家出生在帝王家呢。即使没什么能力，也能当上帝王。所以这种普通资质的帝王就安安稳稳，别去改革，有几个好大臣，一般这个国家也不会出现问题。

小Q：也是，就好像爸爸给我好多钱，就算我不能赚钱，我只要不乱花，也能用好久。

姜sir：可就怕有雄心壮志的、想折腾的君主，但又没什么才能，这就叫志大才疏。就好像字都没认识几个，天天喊着要拯救全人类。周厉王就是这种人。小Q，如果你是帝王，你没有钱了会怎么办？

小Q：我会想办法，虽然我也不知道具体的方法，但我肯定不会从老百姓那里抢。

姜sir：这周厉王天天想啊，怎么办呢，哪里有钱呢？想着想着，有主意了，向老百姓收钱。但不能直接收啊，得要有个理由。

小Q：就是啊。你得给我个理由，我才能把钱给你。

姜sir：周厉王说了，全天下都是我的，山是我的，树是我的，河流也是我的。你们如果要砍柴，就得给我交钱。你们要喝水，也得给我交钱。就差没说，老百姓只要呼吸，就得给他交钱了。

小Q：这太过分了，老百姓肯定不愿意啊。

姜sir：不愿意归不愿意，但老百姓只要不被逼到吃不上饭，是不会造反的。大家只能心里不舒服。那你猜全国上下，人们碰到一起一定都在聊什么？

小Q：肯定在骂周厉王。

姜sir：那真是白天骂，晚上骂；吃饭骂，睡觉骂。因此有的大臣就来劝周厉王："大王，不能这么干啦，你看外面都骂声一片了。"周厉王却一点儿也不担心，说："你们放心，我有办法。"

小Q：难道他决定不收钱了？

姜sir：接下来就让你感受一下，什么叫没本事还爱折腾。周厉王派人上街监视，就像是一个个移动的人形摄像头，只要听到有人说他坏话，马上抓来杀了。最后，人们见面连招呼都不敢打了，只能以眼神示意。这个成语就叫"道路以目"，人们有怒气不敢说。周厉王知道了，特别高兴地说："好啊，这个样子多和谐啊！整个世界都安静了。没人骂我了吧。"

小Q：虽然你堵住嘴，但你挡不住老百姓心里恨你啊。

姜sir：这就叫"防民之口，甚于防川"，和治理洪水是一样的，你越堵，水越多，你越不让说，百姓心里的仇恨越多。

小Q：就没人去提意见吗？

姜sir：你觉得周厉王会听吗？他觉得自己做得特别好。公元前841年，终于有人忍受不住了，发起了暴动。你猜会不会有很多人一起跟着造反呢？

小Q：肯定会。这就相当于大坝开了个口，所有的洪水

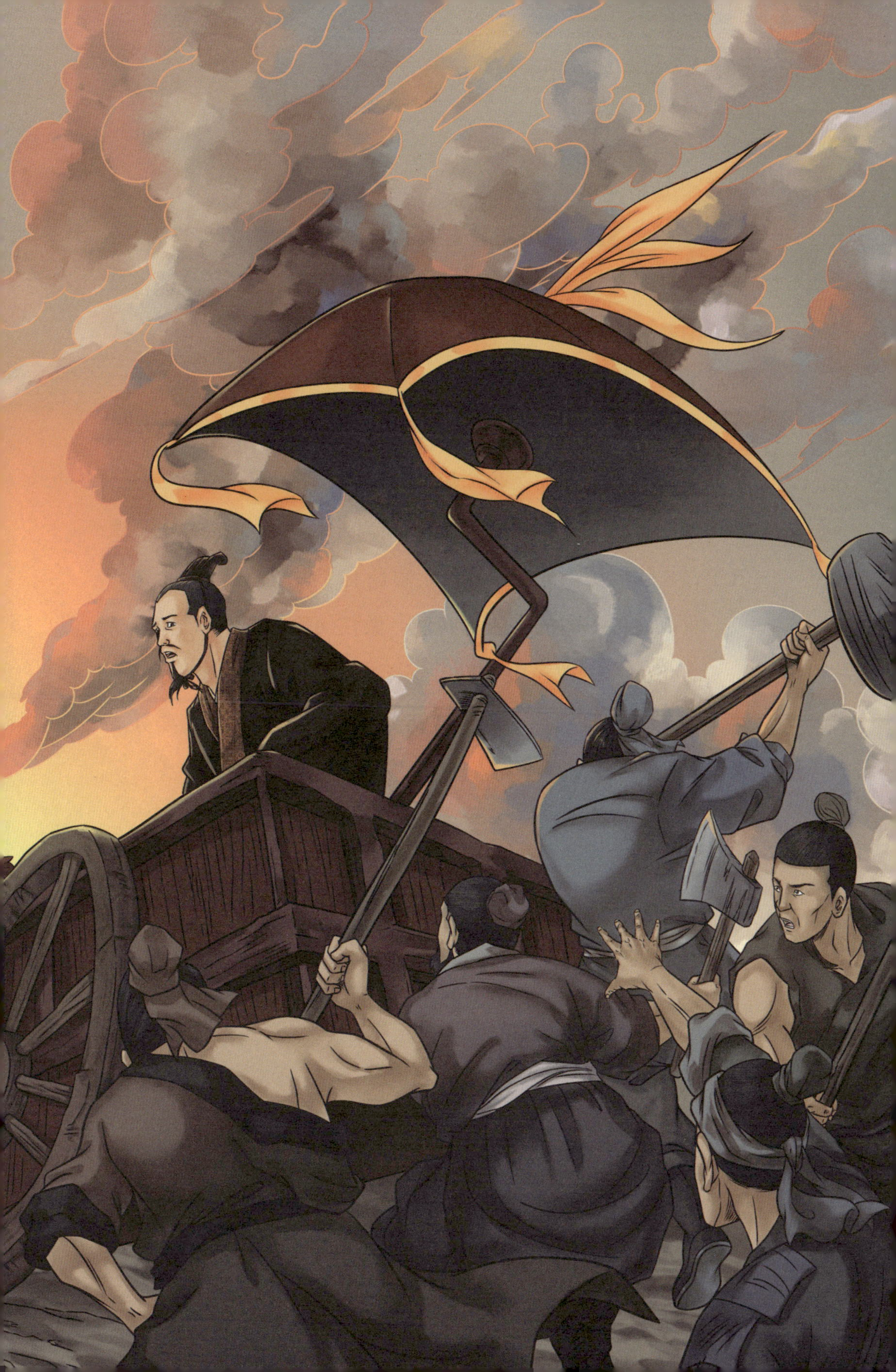

都要冲出来的感觉。

姜 sir：最后周厉王被老百姓赶到外地：您不配当君主，就在那儿待着吧，别回来了。这是中国历史上第一次老百姓驱逐国君的事件。

小 Q：那周朝结束了吗?

姜 sir：其实老百姓并不是想推翻周厉王，就是想换个帝王。于是召穆公、周定公二位共理朝政，相当于没有了帝王，两个大臣管理国家。等到周厉王 14 年后死了，老百姓也不生气了，才让周厉王的儿子继位，重新有了天子。

所以周厉王的故事告诉我们，做任何事不要只考虑自己，也要考虑大家。改革没问题，但要考虑实际。后来，周朝一年不如一年，直到那个烽火戏诸侯的人出现，周也就要分成两部分了。他是谁呢？我们下节见。

27 烟不是乱放的

姜 sir：各位同学，大家好，我就是那个人见人爱、花见花开、车见车爆胎的姜 sir。

小 Q：大家好，我就是那个负责问问题的小 Q 同学。

姜 sir：上节我们说到不让老百姓说话的周厉王病死了。他儿子继位，也就是周宣王。周宣王跟他爸一样，也想做点儿大事。

小 Q：不会又来了个能折腾的吧？

姜 sir：别紧张，周宣王是一个懂得脚踏实地、循序渐进的君主，不会瞎折腾的，也听大臣的建议，国家也稍微恢复了一点。

小 Q：太好了。

姜 sir：但是这个周宣王后来就有点固执，认准的事就要按照他的想法来，谁说话都不管用。当时人家鲁国国君带着两个儿子来，希望周宣王同意封大儿子为太子，小儿子顺便跟着来玩一圈，因为大家都是这样的，毕竟是嫡长子继承制嘛。可周宣王觉得鲁国国君的小儿子不错，非逼着人家传位给小儿子。

小Q：这就过分了，嫡长子继承制，你们周朝就这样，怎么能随便改呢？

姜sir：这就是带头违反礼法。大臣们也纷纷阻止，不能这么办，可周宣王就这样，谁说也没用，必须要给小儿子。最后鲁国国君只能传位给小儿子了。

小Q：从小我就知道要以身作则，这个周宣王太过分了。

姜sir：这事还没完。鲁国国君传位给了小儿子，大儿子的儿子不服，于是造反了，而周宣王竟然又派兵去打人家。鲁国就因为这事儿乱了二十多年。

小Q：这不就是管闲事吗？

姜sir：后来周宣王死了，传位给了他儿子，一个更不靠谱的来了，就是周幽王。

小Q：是不是胡乱点烟那个？

姜sir：这就是周幽王烽火戏诸侯，出自司马迁《史记·周本纪》：

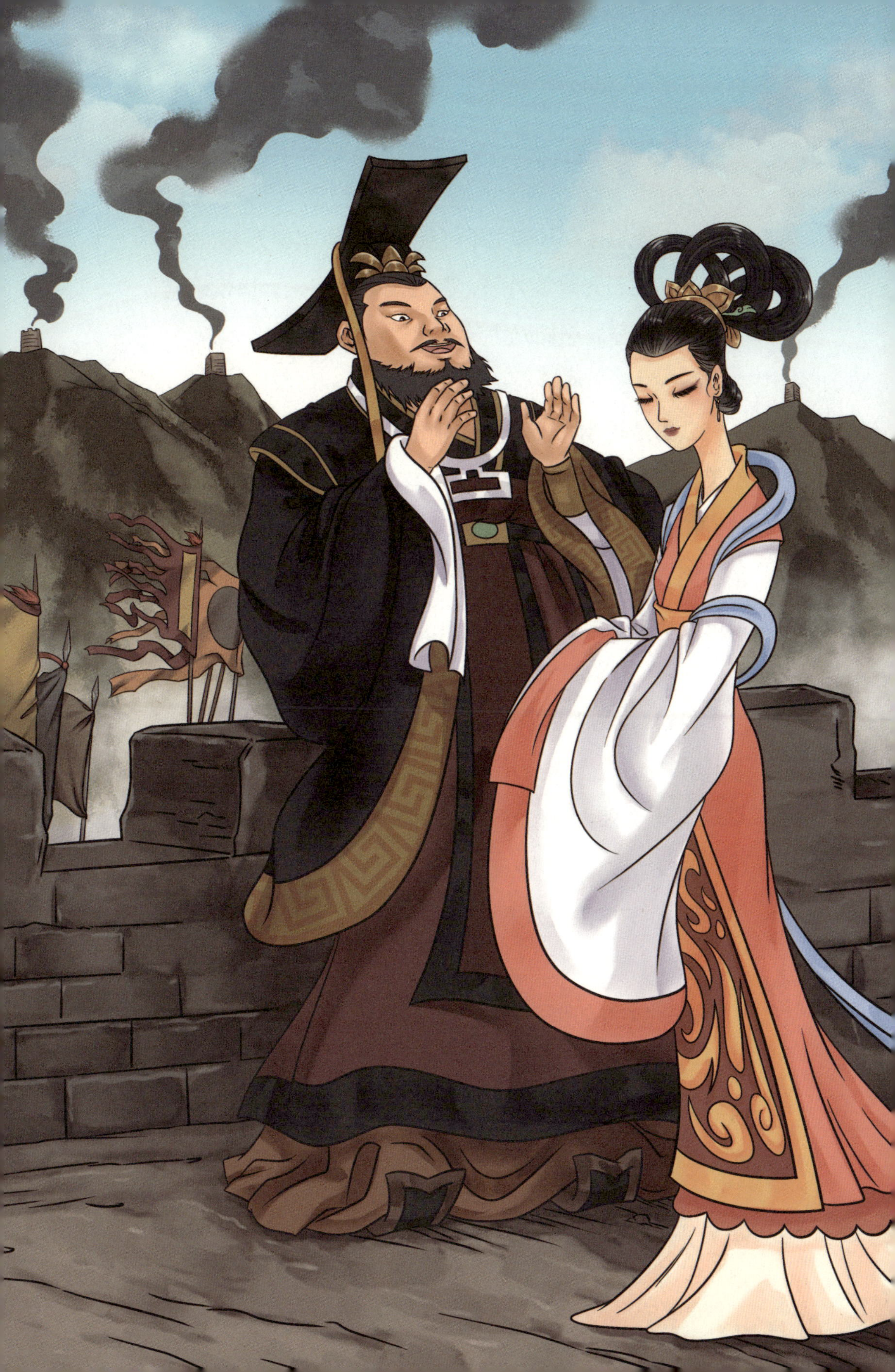

> 褒姒（bāo sì）不好笑，幽王欲其笑万方，故不笑。幽王为烽燧大鼓，有寇至则举烽火。诸侯悉至，至而无寇，褒姒乃大笑。

意思是周幽王有一个特别漂亮的妃子，叫褒姒。但就是不笑，给人的感觉很冷酷。周幽王就想看褒姒笑，想尽了各种方法，鸣钟击鼓、吹箫弹琴、唱歌献舞，都试了一遍，就是不笑。一次，周幽王举烽火，诸侯见狼烟升起都赶着来了，却没有来犯者，褒姒大笑。

小Q：什么是烽火啊？

姜sir：古时候有没有电话？

小Q：当然没有。

姜sir：那古时候有没有微信？

小Q：你到底想说什么？肯定没有啊。

姜sir：那古人如果想传递消息，怎么办？

小Q：骑马啊，速度很快的。

姜sir：可如果有特别着急的事情呢，马也不够快啊。于是人们就在高处建造一个台子，每隔一段距离就建一个，上面放上木柴，一旦有大事发生，就快速地点起来，大家就看到了。

小Q：那为啥叫狼烟啊？这烟和狼有啥关系啊？

姜sir：有两种说法。第一种说法是为了让烟变得黑，烧的时间长，就会烧一些狼粪。

小Q：啊？那味道多大啊？

姜sir：都紧急事件了，谁还考虑味道啊。但狼粪不好找，很多用的是牛粪、羊粪。第二种说法是狼烟主要是防范匈奴、突厥这些民族，很多人都管他们叫狼兵，点狼烟的意思就是狼来了。

小Q：这烟不能轻易点，不是大事不能点。

姜sir：可周幽王就是点了。传令点燃烽火台，不一会儿狼烟四起直冲云霄。外地的士兵以为有大事发生，快马加鞭，赶紧来救。可大家到了一看，周幽王在那儿唱歌跳舞呢，还说："今日没有敌情，这火也好久没点了，恐怕大家松懈，演习一次。各位远道而来，现特赐美酒一杯，大家干杯。"大家一听，白跑一趟，褒姒一看这场景，还真笑了一下。

小Q：这下周幽王满意了吧，不会再点了吧。

姜sir：周幽王见褒姒露出笑容，开心极了，说："爱妃一笑，果然漂亮。今后只要爱妃高兴，哪怕每天燃放烽火，又有什么问题？"

小Q：可下次大家就不来了啊，你总骗人，谁还救你啊？

姜sir：果然，敌人真的入侵了，周幽王赶紧点了烽火，你猜结局怎么样?

小Q：大家肯定以为你在开玩笑啊，当然没人来救啊。

姜sir：周幽王只好带着褒姒逃跑，在骊（lí）山让人追上了，周幽王被杀，褒姒被抓。西周灭亡。

小Q：人真不能说谎话，要不就没人相信你了。但我有一个问题，周就是周，怎么又成西周了，这是怎么回事啊？

姜sir：东周的钟声已经敲响，一个伟大的时代即将来临。为什么周要分两段，又为什么是西周和东周呢？我们下节见。